POLYGLOTT on tour

Apulien
Kalabrien, Basilikata

Der Autor
Stefan Maiwald

**Mit großer Faltkarte
& 80 Stickern
für die individuelle Planung**

www.polyglott.de

6 Typisch

8 Der Süden ist eine Reise wert!
11 Reisebarometer
12 50 Dinge, die Sie …
19 Was steckt dahinter?
159 Meine Entdeckungen
160 Checkliste Apulien

20 Reiseplanung & Adressen

22 Die Reiseregion im Überblick
24 Klima & Reisezeit
25 Anreise
25 Reisen in der Region
28 Sport & Aktivitäten
30 Unterkunft
153 Infos von A–Z
155 Register & Impressum

32 Land & Leute

34 Steckbrief
36 Geschichte im Überblick
37 Natur & Umwelt
39 Kunst & Kultur
42 Feste & Veranstaltungen
43 Essen & Trinken
158 Mini-Dolmetscher

SPECIALS

26 Kinder
59 Friedrich II.
147 Erlebnisse für Sportliche

ERSTKLASSIG!

30 Besondere Hotels
45 Herausragende Restaurants
88 Märkte des Südens
99 Die schönsten Sandstrände
106 Gratis entdecken
138 Die bedeutendsten Musikfestivals

ALLGEMEINE KARTEN

4 Übersichtskarte der Kapitel
34 Die Lage Apuliens

REGIONEN-KARTEN

51 Nordapulien
66 Mittelapulien
92 Südapulien
110 Basilikata
124 Kalabrien

STADTPLÄNE

71 Bari
104 Lecce
131 Cosenza

SYMBOLE ALLGEMEIN

 Besondere Tipps der Autoren

 Specials zu besonderen Aktivitäten und Erlebnissen

 Spannende Anekdoten zum Reiseziel

 Top-Highlights und Highlights der Destination

46 Top-Touren & Sehenswertes

48	**Nordapulien**
49	Tour ❶ Über die Halbinsel Gargano
50	Tour ❷ Tavoliere – die größte Ebene des Südens
52	Unterwegs in Nordapulien
63	**Mittelapulien**
64	Tour ❸ Romanik am Meer
65	Tour ❹ Im Nationalpark Alta Murgia
65	Tour ❺ Ins Tal der weißen Trulli
68	Unterwegs in Mittelapulien
89	**Südapulien**
90	Tour ❻ Der Salento
91	Tour ❼ Murge Tarantine
93	Unterwegs in Südapulien
108	**Basilikata**
109	Tour ❽ Am Monte Vulture
112	Tour ❾ Im Zentrum der Basilikata
112	Unterwegs in der Basilikata
121	**Kalabrien**
122	Tour ❿ Im Nationalpark Sila
123	Tour ⓫ Am Ionischen Meer
125	Tour ⓬ Von Tropea nach Süden
126	Unterwegs in Kalabrien
148	**Extra-Touren**
149	Tour ⓭ Die Highlights Apuliens in rund zwei Wochen
150	Tour ⓮ Die schönsten Naturlandschaften in zwei Wochen

	TOUR-SYMBOLE		**PREIS-SYMBOLE**	
❶	Die POLYGLOTT-Touren		Hotel DZ	Restaurant
❻	Stationen einer Tour	€	bis 60 EUR	bis 23 EUR
①	Hinweis auf 50 Dinge	€€	60 bis 100 EUR	23 bis 33 EUR
[A1]	Die Koordinate verweist auf die Platzierung in der Faltkarte	€€€	über 100 EUR	über 33 EUR
[a1]	Platzierung Rückseite Faltkarte			

Touren-Start

Perfekte Planung
Parallel Klappe vorne links aufschlagen

Top 12 Highlights

1. Isole Tremiti › S. 52
2. Altstadt von Bari › S. 68
3. Castel del Monte › S. 75
4. Grotte di Castellana › S. 78
5. Trulli in Alberobello › S. 80
6. Keramikstadt Grottaglie › S. 94
7. Altstadt von Otranto › S. 101
8. Barockstadt Lecce › S. 103
9. Sassi di Matera › S. 118
10. Gerace › S. 140
11. Tropea › S. 140

Zeichenerklärung der Karten

- ☐ beschriebene Region (Seite=Kapitelanfang)
- 10 E 🏛 Sehenswürdigkeiten
- ④ Tourenvorschlag
- Autobahn
- Schnellstraße
- Hauptstraße
- sonstige Straßen
- Fußgängerzone
- Eisenbahn
- Staatsgrenze
- Landesgrenze
- Nationalparkgrenze

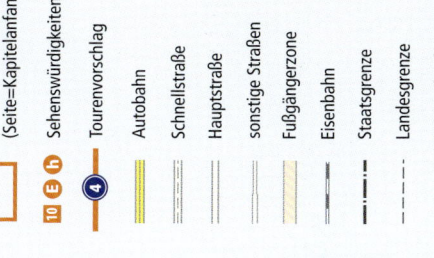

Kalabrien S. 121

Strandleben in der Bucht von Torre dell'Orso nördlich von Otranto

TYPISCH

Der Süden ist eine Reise wert!

Apulien, Basilikata, Kalabrien – selbst für italophile Touristen hat dieser Dreiklang etwas Geheimnisvolles. Doch wer weiß, wie lange das noch so bleibt, denn in seiner Ursprünglichkeit bietet der italienische Festlandssüden all das, was Reisende schätzen.

Der Autor **Stefan Maiwald** lebt seit 15 Jahren als Autor in Italien und berichtet von dort regelmäßig für diverse Magazine (u. a. Merian und Der Feinschmecker). Bekannt wurde er durch seinen Bestseller »Laura, Leo, Luca und ich – wie man in einer italienischen Familie überlebt« (dtv). Sein aktuelles Buch »Spitzenkoch in sieben Tagen – ein Selbstversuch« (dtv) spielt zum großen Teil in Apulien.

Auch wenn ein Journalist in der Regel möglichst objektiv sein sollte – hier muss ich diesen Grundsatz mit Schwung über Bord werfen: Es fällt mir wirklich schwer, irgendetwas Schlechtes über die drei Regionen in Italiens Süden zu sagen. Denn für einen Reisenden stimmt hier einfach alles. Natürlich zuallererst und ganz banal das Klima: zehn Monate sommerliche Zustände, acht Monate Badewetter – das ist schon ziemlich gut. Aber man erlebt eben auch noch den Rhythmus der Jahreszeiten, das Aufblühen und Vergehen der Natur, und alle zehn Jahre

Barocke Pracht in Lecce

Der Süden ist eine Reise wert!

Ein alter Korbflechter erklärt mir seine Kniffe

schneit es sogar (ein guter Freund von mir hat im Tiefschnee in Lecce geheiratet, dabei waren wir ganz optimistisch gewesen und hatten Badesachen eingepackt).

Warme Ecken gibt es viele auf der Welt, doch wo gibt es so viel Kultur auf so engem Raum? Fast jede mediterrane Großmacht hat hier in den letzten 2000 Jahren ihre Spuren hinterlassen, die Einflüsse Griechenlands, Spaniens, Frankreichs und der Byzantiner sind in vielen Städten zu spüren, selbst einige örtliche Dialekte ähneln eher den fremden Sprachen als dem Italienischen.

Besonders Lecce ist ein Traum. Wohl nirgends in Italien gibt es eine so stimmungsvolle Altstadt, komplett verkehrsberuhigt und voll mit barocken Prachtbauten. Hier wirkt der Stil aber nicht schwer und überladen, sondern kommt hell und fröhlich-verspielt daher. Die Festungsstadt Gallipoli mit ihrer vorgelagerten, vom Meer umschlossenen Altstadt sucht ebenfalls ihresgleichen, und Matera wurde gerade zur Europäischen Kulturhauptstadt für 2019 gewählt – eine Auszeichnung, die Italiens Süden einen gewaltigen ökonomischen Schub geben könnte. Selbst die Altstadt von Bari, für das noch vor zehn Jahren so mancher Reiseführer eine Warnung ausgesprochen hat, kann man inzwischen sorglos erkunden. Die größte Stadt des Festlandssüdens hat sich herausgeputzt und bietet neben dem Grab des Nikolaus Kultur in Hülle und Fülle.

Und dann erst die Küche, die hier nicht nur von der üblichen italienischen Brillanz ist (das sowieso), sondern darüber hinaus aus vielen Meeren und sogar aus dem Hochgebirge schöpfen kann. Zwischen schneeweißen Gipfeln und smaragdgrünen Meeresbuchten liegen in Kalabrien mitunter nicht mehr als 30 Minuten Fahrtzeit.

Kaffeepause mit der Restaurantcrew der Masseria Torre Maizza

Der Süden ist eine Reise wert!

Cavatelli mit Meeresfrüchten, ein Klassiker der apulischen Küche

Über Sushi kann man hier nur lächeln, denn im Süden hat man Fisch schon immer am liebsten roh gegessen. Frisch genug ist er ja. Auch Pastaliebhaber können aus dem Vollen schöpfen, denn besonders Apulien ist eine echte Nudelhochburg. Selbstgemachte Orecchiette und Cavatelli gibt es beinahe an jeder Ecke zu kaufen. Ein weiterer Trumpf sind Gemüse und Hülsenfrüchte, die im warmen, gleichmäßigen aber nie beleidigend heißen Klima gedeihen. Selbst französische Kochlegenden wie Alain Ducasse beziehen ihr Gemüse aus dem Salento, dem apulischen Süden. Und die süßlichen Zwiebeln aus dem kalabrischen Tropea sind in der Spitzenküche heilig. Apulischer Wein erlebt einen regelrechten Boom – Gewächse wie Primitivo und Negroamaro haben sich als Qualitätsprodukte durchgesetzt.

Ein Hinweis für Preisbewusste: Selbst Hotels und Restaurants der oberen Kategorie sind hier bezahlbar, weil der Tourismus die Preise noch nicht verdorben hat. Gerade in der Nebensaison lässt sich auch in vermeintlich teuren Häusern preiswert wohnen, und in gehobenen Restaurants muss man keine Angst vor der Rechnung haben.

Als Niedersachse, der oft mit dem Auto gen Süden fährt, schätze ich die Gegend aus noch einem anderen Grund: Gerade Apulien ist, im Gegensatz zu vielen anderen italienischen Küstengebieten, flach und weitläufig, eine herrliche Ebene. Und ich liebe die Ebene. Die Weite. Die Sicht bis zum Horizont, unterbrochen allenfalls von den typischen weißgetünchten Häusern; die Blicke schweifen über Olivenbäume und Gemüsefelder bis hin zum Meer – ach ja, das ist das wahre Leben.

Apropos eigene Anfahrt: Zugegeben, es stimmt, was der großartige Autor Bill Bryson schrieb – Italiener hätten nie von der Erfindung des Automobils erfahren dürfen. Gerade im Süden fahren sie wie die Außerirdischen. Wenn die Autobahn hinter Bari zu einer engen zweispurigen Schnellstraße mit halbherzig angedeuteten Haltebuchten wird, dann steigt der Puls. Da hilft auch der Meerblick nicht, den man über viele Kilometer genießt. Doch wenn es dann, so etwa ab Brindisi oder Richtung Taranto, wieder ruhiger wird, dann ist die Urlaubsstimmung schnell zurück, der Puls sinkt in den Beruhigungsmodus ab – und man ist am Ziel aller Urlaubsträume.

Reisebarometer

Apulien, Kalabrien und auch die Basilikata sind großartige Urlaubsregionen. Manche Sehenswürdigkeiten sind ein Muss, andere Ziele hingegen kann man getrost am Wegesrand liegen lassen.

Beeindruckende Architektur
Der Lecceser Barock allein lohnt die Reise in den Süden.

Landschaft
Speziell – wenig Drama in Apulien, aber viel Meer und Macchia. Äußerst abwechslungsreich in Kalabrien

Shoppingangebot
Die besten Möglichkeiten hat man in Bari.

Kultur- und Eventangebot
Dorffeste und Prozessionen, große Konzerte und Events

Sport und Outdoor
Apulien ist das perfekte Radler- und Wandererziel.

Museen und Besichtigungen
Enorme Auswahl, doch muss auch viel renoviert werden.

Kulinarische Vielfalt
Schlemmerparadies mit Fisch, Gemüse, Wein, Olivenöl …

Spaß und Abwechslung für Kinder
Viele Sandstrände, italienische Kinderliebe – ein Traum!

Ausgehen/Party
Lecces Aperitif-Kultur bis weit nach Mitternacht ist legendär; im Sommer ist in den Strandklubs der Bär los.

Preis-Leistungs-Verhältnis
In Apulien haben die Preise schon etwas angezogen.

● = gut   ●●●●● = übertrifft alle Erwartungen

50 Dinge, die Sie ...

Hier wird entdeckt, probiert, gestaunt, Urlaubserinnerungen werden gesammelt und Fettnäpfe clever umgangen. Diese Tipps machen Lust auf mehr und lassen Sie die ganz typischen Seiten erleben. Viel Spaß dabei!

... erleben sollten

1 Schnorcheln auf Tremiti Abtauchen ohne Vorbildung versprechen die geführten Schnorcheltouren mit der Meeresbiologin Emanuella Lioia rund um die bildschönen Buchten der Tremiti-Inseln › S. 52. Alle Informationen unter www.mejofauna.blogspot.it.

2 Per Pedale In Apulien sind abgeschirmte Wege für Radtouristen angelegt worden, die malerisch durch Olivenhaine führen. Wochenausflüge mit Begleitfahrzeug fürs Gepäck von Masseria zu Masseria (ab ca. 600 €) sind ein perfekter Aktivurlaub. Eine gute Adresse ist www.apuliabiketours.com.

3 Pikante Studien In der Accademia del Peperoncino [h2] im kalabrischen Diamante wird dem Geheimnis der scharfen Frucht auf den Grund gegangen. Wer für einen Tag mitstudieren und dort zu Abend essen will, bekommt ein Diplom (Via Benedetto Croce, Tel. 0 98 58 11 30, www.peperoncino.org).

4 Ausfahrten mit dem Fischer Näher kommt man den Einheimischen in Kalabrien nirgends: Tagesfahrten aufs Meer mit örtlichen Fischern (25 €) organisiert Ostro › S. 138 in Le Castella.

5 Urlaub mit Schwung Italiens wundervollster Anfängerplatz ist der 9-Loch-Golfcourse Torre Coccaro [F5] inmitten alter Olivenbäume. Nirgends lässt sich der Sport schöner erlernen (C.da Coccaro 8, Savelletri di Fasano, www.masseriatorrecoccaro.com).

6 Digestivo in der Nacht Genießen Sie die beschwingten Nächte in Lecce. Ab etwa 23 Uhr beginnt die *movida*, man trinkt sein Glas Wein draußen im Stehen, es ist kaum ein Durchkommen. Neuer, hipper Treffpunkt ist das Quanto Basta [E/F2] mit den beiden Bar-Profis Diego und Andrea (Via Paladini 17).

7 Was für ein Käse! Lamapecora [E5] ist eine der bezauberndsten Käsereien Apuliens. Frühmorgens kann man zusehen, wie Mozzarella frisch gemacht wird, und für Kinder ist das schön gelegene Caseificio ein regelrechter Streichelzoo (Contrada da Fascianello, Fasano).

8 Fisch schauen Der tägliche Fischmarkt in Bari in der Halle auf der Piazza del Ferrarese [b2] ist ein Erlebnis für alle Sinne. Eine beliebte

Bareser Tradition heißt '*nderre alle lanze* – man bummelt zu den Straßenhändlern auf der Mola San Nicola und isst Austern, Tintenfisch, Seeigel, natürlich roh, allenfalls mit einem Spritzer Zitronensaft.

(9) **Handelsschule** Vom Salzstreuer bis zur Einbauküche: Der Markt von Martina Franca [E6] offeriert jeden Mittwochvormittag auf den Straßen des Viertels Sant'Eligio die komplette Bandbreite alltäglicher Nützlichkeiten. Angeregtes Feilschen ausdrücklich erwünscht!

(10) **Kochschule beim Spitzenkoch** Was für ein Genusstag: Erst Besuch des Fisch- und Gemüsemarktes in Monopoli mit dem Chefkoch, anschließend gemeinsames Kochen – auf Wunsch auch Pizza im 500 Jahre alten Holzofen (Masseria Torre Maizza [E5], C.da Coccaro, s.n., Savelletri, Tel. 08 04 82 78 38, www.masseriatorremaizza.com).

(11) **Ab zum Wrack** Für wirkliche Spezialisten: Scuba Diving Otranto [F3] bietet auch Wrack- und Nacht-Tauchgänge an, etwa zum Wrack der 1960 gesunkenen Hadonis (Via del Porto 1, Tel. 08 36 80 27 40, www.scubadiving.it).

… probieren sollten

(12) **Tropea-Zwiebeln** Die süßlichen roten Zwiebeln aus Kalabrien sind aus der gehobenen Gastronomie nicht mehr wegzudenken. Was

Golf für Genießer in Torre Coccaro

Spitzenköchen recht ist, sollte Ihnen billig sein – man findet sie auf praktisch allen der zahllosen Märkte.

(13) **Pesce crudo** Frisch vom Kutter, fein aufgeschnitten und gleich verzehrt: roher Fisch ist eine apulische Spezialität. Probieren Sie ihn bei der Familie Sabatelli direkt an der Hafenmole von Savelletri [E5]. Wer die Qual der Wahl vermeiden will, bestellt den Misto-Crudo-Teller (Piazza Amati 8, www.pescheria2mari.it).

(14) **Spaghetti mit Seeigeleiern** Cristina Contes Erfindung, Spaghetti Carbonara mit einer Emulsion aus Seeigeleiern, ist landesweit berühmt. Das Original gibt es in ihrem Restaurant LaltroBaffo [F3] in Otranto (Via Cenobio Basiliano 23, Tel. 08 36 80 16 36, www.laltrobaffo.com).

(15) **Peperoncino-Schnaps** Wer auf scharfe Sachen steht, sollte sich diesen Rachenputzer nicht entgehen lassen – macht garantiert die Atemwege frei! Exklusiv im Feinkostladen

Granita: einmal Zitrone, einmal Erdbeere

Trullo degli Antichi Sapori [E5/6] (Alberobello, Via Monte San Michele 37, www.trulloantichisapori.it).

⑯ **Schokolade aus Maglie** Sie sind legendär, die süßen Spezialitäten des Schokoladenhauses Maglio [F3]. Ganzjähriger Klassiker sind die Aprikosen und Maraska-Kirschen, übergossen mit 60-Prozent-Bitterschokolade (Via San Giuseppe 48, Maglie, www.cioccolatomaglio.it).

⑰ **Wein aus dem Salento** Wuchtig und intensiv, dabei weich und harmonisch präsentieren sich lokalen Rotweine. Vielfach preisgekrönt ist der »Nero« des erfolgreichsten apulischen Erzeugers, Conti Zecca [E2], der in seiner Enoteca auch die überragenden Jahrgänge 2003 und 2005 (ca. 45 €) bereithält (Via Cesarea, Leverano, www.contizecca.it).

⑱ **Kleinstbiere** Auch für Weinverächter ist etwas dabei: In den letzten Jahren hat sich vor allem Apulien zu einer echten Bierbrauer-Region entwickelt, manche Restaurants haben eine eigene Bierkarte. Besonders gut: das »Malagrika« der Brauerei B94, das z. B. die Bar 300mila › **S. 107** in Lecce ausschenkt.

⑲ **Eiskalte Granita** Was wäre Süditalien ohne die Granita, jenes köstliche süße Sorbet, mit dem jeder Sommertag perfekt beginnt? Probieren Sie im Girone dei Golosi [E3] in Gallipoli unbedingt die Sorten Mandel, Kaffee oder Zitrone mit Basilikum (Piazza Imbriani 30).

⑳ **Tatar-Träume** Carpaccio oder Tatar vom Fisch steht auf jeder vernünftigen Speisekarte, etwa bei Antonio Scalera und Francesca Mosele im La Bul [D4] in Baris Innenstadt, wo das Tatar des fangfrischen Fischs mit eingelegten Tomaten, Kapern, Pinienkernen und Zwiebeln serviert wird (Via Pasquale Villari 52, www.ristorantelabul.com).

㉑ **Vecchio Amaro del Capo** Dieser berühmte Likör wird eisgekühlt als Digestivo getrunken. Seine Mixtur aus 29 kalabrischen Kräutern und Früchten (darunter Kamille, Orange, Mandarine) macht ihn zu einer Essenz Süditaliens. Erhältlich in den meisten Feinkostläden.

㉒ **Beste Pasta** Apulien ist Italiens Pasta-Hochburg, hat jedoch wenige Nudelfabriken – die Familien stellen die Pasta in Kleinmengen für den persönlichen Gebrauch selbst her. Eine Ausnahme ist Benedetto Cavalieri in Maglie, dessen Pasta in Ruhe zwei volle Tage lang austrocknen darf (Via Garibaldi 64, Maglie, www.benedettocavalieri.it).

... bestaunen sollten

(23) Was für ein Theater! Die Idee war mutig: 1914 eröffnet, sollte das Teatro Margherita › **S. 68** in Bari der kulturelle Fixstern des italienischen Südens werden. Schon die Architektur im Liberty-Stil auf Stelzen im Wasser war einzigartig. Doch dann kam ein langer Niedergang, und erst 2010 feierte der Bau seine Wiedereröffnung als Museum (Piazza IV Novembre, aktuelle Ausstellungen unter www.baritoday.it/eventi).

(24) Der böse Dieb Ist der »Malladrone« die hässlichste Statue der Welt? Die Holzschnitzarbeit aus dem 17. Jh. zeigt einen der Diebe, die mit Jesus gekreuzigt wurden, und hat schon Gabriele D'Annunzio nachhaltig schockiert. Sie ist in der Kirche San Francesco d'Assisi [E3] in Gallipoli zu, nun ja, bewundern (Riviera Nazario Sauro).

(25) Weinseligkeit Staunend steht man im Consorzio Produttori Vini Manduria [D2] vor den gewaltigen, vierstöckigen Stahltanks – und kann im Weinmuseum sehen, unter welchen Mühen früher der Wein erzeugt wurde (Via Fabio Massimo 19, Manduria, www.cpvini.com).

(26) Aussicht über Meer und Inseln Von der Cappella dell'Eremita [B1] (in Wirklichkeit eine Bank), zu der auf der Tremiti-Insel San Domino ein schöner Weg führt (ausgeschildert; ca. 500 m vom Zentrum), überblickt man das ganze Archipel.

(27) Unterirdische Ölmühle Die Frantoi Ipogei › **S. 99** ist die einzige von Gallipolis 35 unterirdischen Ölmühlen, die zu besichtigen ist (Viale Europa 15, Eintritt 1,50 €). Faszinierend!

(28) Das Fest der Feste Die Varia di Palmi, eines der größten Feste Italiens, findet am letzten Augustsonntag statt (voraussichtlich wieder 2016). Über 200 Träger schleppen im kalabrischen Palmi [g5] eine 16 m hohe Skulptur durch die Stadt, auf deren Spitze sich die Jungfrau Maria in den Himmel erhebt (www.lavaria.it).

(29) Meisterinnen bei der Arbeit In der Altstadt von Bari [D4] sitzen vormittags die alten Frauen vor ihren Häusern kneten den Teig und formen daraus frische Pasta, zumeist die berühmten Orecchiette (»Öhrchen«). Die Geschwindigkeit und Fingerfertigkeit der Damen ist wirklich beeindruckend!

(30) Flecht-Werk Eine der Spezialitäten Apuliens und insbesondere Gallipolis: Flechtkörbe, die direkt auf der Straße hergestellt werden. Das ist hohe Kunst – was man dann merkt, wenn die Maestri die staunenden Zuschauer es einmal selbst versuchen lassen. Gern sitzen sie auf der Via C. Colombo Riviera [E3].

(31) Sonnenuntergang schauen Aber wo? Mein Tipp: Im Buena Vista Café [E3] in Gallipoli auf der einmaligen Terrasse, die praktisch ins Meer hineinragt (Riviera Nazario Sauro 127).

... mit nach Hause nehmen sollten

32 Taralli Beste Adresse für das ringförmige Gebäck in vielerlei Geschmacksrichtungen ist I Sapori del Borgo Antico [E3] in Gallipoli (Via De Pace). Viele Wochen haltbar!

33 Tremiti-Keramik Gennaro Cafiero, Tremitis einziger Künstler, stellt aus Keramik allerlei Nützliches und Unnützes her – etwa herrlich kitschigem Tischschmuck in Form von lächelnden Hummern oder fröhlichen Seehunden (Ceramiche Azzurra [B1], Via Diomede, San Domino).

34 Wein Wenn Sie sich die Fahrten zu einzelnen Winzern sparen wollen: Die fantastische Enoteca Vinarius [D4] in Bari hat eine riesige Auswahl, z. B. typisch apulischen Salice Salentino (Via Marchese di Montrone 87).

35 Terrakotta-Kunst Traumschönes Geschirr, Wandschmuck und ausgefallenes Tischdekor aus Terrakotta bietet Gianpiero Indino [F3] in Lucugnano (Provinz Lecce) an. Ein sechsteiliges Tellerservice kostet z. B. 130 € (SS 275 Lucugnano-Montesano, www.laterracotta.net).

36 Lakritze Wer sie mag, wird süchtig danach: In der Liquirizia Amarelli › S. 129 in Rossano Scalo wird seit 1732 herausragende Lakritze hergestellt – und auch in handliche Geschenkdöschen verpackt.

37 Feine Weihnacht Ein Gebäck, das unter dem Tannenbaum nicht fehlen darf: *Panicelli* sind Rosinen, die in ein Zitronenblatt gewickelt und gedörrt werden. Traditionell aus Santa Maria del Cedro [h2], heute in den meisten Feinkostläden erhältlich.

38 Handgeschnitzte Pfeifen aus Serra San Bruno oder Reggio di Calabria gehören zu den besten, die man bekommen kann. Schauen Sie bei Fabrizio Romeo [g6] in Reggio vorbei (Via San Giuseppe 87, www.fabrizioromeopipe.it). Gute Qualität kann durchaus 300 € kosten.

39 Spezialitäten mit Peperoncino Sapore Calabria [h2] bietet Würste, Liköre (ab 7 €), Marmeladen (ab 4,50 €) und sogar Schokolade mit Beigabe der pikanten Schote an (Corso Vitt. Emanuele 130, Diamante, www.saporecalabriat.it).

40 Lichterglanz Hier kaufen Architekten ein: Bei den Fratelli Parisi [F3] gibt es Lichtkunst, die Glanz auch in die unscheinbarsten Räume bringt (Corso Umberto I, Taurisano, www.fratelliparisi.com).

Schöne Keramik erinnert auch zu Hause noch lange an den Urlaub

... bleiben lassen sollten

41 Mitte August reisen An den Tagen rund um *ferragosto* (15.8.) macht das Urlauben auch bei bestem Wetter keinen Spaß – die Strände sind hoffnungslos überfüllt, an Plätze in Restaurants ist nicht zu denken. Wenn Sie sich nicht sehr, sehr gut in der Region auskennen, sollten Sie diese Woche vermeiden.

42 Alkohol unterschätzen Achtung, apulische Weine wie der Primitivo sind sehr alkoholstark, was sich besonders in der Sommerhitze bemerkbar machen kann. Selbst der Rosato hat nichts mit den leichten Rosés anderer Regionen zu tun und kann bis auf 15 Vol.-% kommen.

43 Sprache ignorieren Verlassen Sie sich nicht darauf, dass in kleineren Dörfern jeder Englisch – oder gar Deutsch – spricht. Zwar klappt eine Verständigung immer irgendwie, aber ein paar Brocken Italienisch sind auf jeden Fall gut.

44 Mafia-Witze erzählen Die Mafia-Organisationen heißen hier Sacra Corona Unità (Apulien) und 'Ndrangheta (Kalabrien › **S. 145**). Beide haben nichts Romantisches an sich und machen vielen Einwohnern vor allem in Kalabrien das Leben schwer. Witze sind das Letzte, was man über sie reißen sollte.

45 Nur Pizza essen Nichts gegen eine gute Pizza – aber wozu sind Sie 1500 km weit in den Süden gereist? Lassen Sie sich auf die kulinarischen Abenteuer ein, die die Region bietet.

46 Schmuck spazieren tragen Die globale Kleinkriminalität hat längst auch Süditalien erreicht: Lassen Sie wertvollen Schmuck und Uhren im Hotelzimmer – oder am besten gleich zu Hause.

47 Verkehrspolizist spielen Bleiben Sie cool. Regen Sie sich nicht über riskante Überholmanöver, ignorierte Ampeln und sonstige Verstöße auf. Schwimmen Sie selbstbewusst im Verkehr mit.

48 Ungefragt knipsen Viele Szenen im Süden sind fotogen: Frauen, die Nudeln formen, Männer, die Körbe flechten oder Fischernetze reparieren. Doch wenn Sie sie aufnehmen wollen, dann fragen Sie kurz vorher, denn Sie sind ja nicht im Zoo. Ein kurzes *posso?* reicht in der Regel.

49 Nachlässig kleiden Im Süden Italiens ist die *bella figura* sogar noch wichtiger als im Norden. Spaghetti-Tops, kurze Hosen oder gar Badeshorts und Flip-Flops sind nirgends gern gesehen – nicht einmal in einer preiswerten Strand-Pizzeria und schon gar nicht in Kirchen.

50 Achtung, Finanzamt! Kontrollen sind im Süden selten, aber man weiß ja nie: Behalten Sie den Kassenbon, selbst wenn Sie nur eine Flasche Wasser gekauft haben. In Italien kontrolliert die Steuerfahndung auch Käufer, und ohne Kaufbeleg riskiert man eine Geldstrafe.

Die ganze Welt von POLYGLOTT

Mit POLYGLOTT ganz entspannt auf Reisen gehen. Denn bei über 150 Zielen ist der richtige Begleiter sicher dabei. Unter www.polyglott.de finden Sie alle POLYGLOTT Reiseführer und können ganz einfach direkt bestellen. GUTE REISE!

Meine Reise, meine APP!

Ob neues Lieblingsrestaurant, der kleine Traumstrand, die nette Boutique oder ein besonderes Erlebnis: Die kostenfreie App von POLYGLOTT ist Ihre persönliche Reise-App. Damit halten Sie Ihre ganz individuellen Entdeckungen mit Fotos und Adresse fest, verorten sie in einer Karte, machen Anmerkungen und können sie mit anderen teilen. So wird Ihre Reise unvergesslich.

Mehr zur App unter www.polyglott.de/meineapp und mit dem QR-Code direkt auf die Seite gelangen

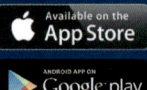

Die Gutscheinaktion läuft mind. bis 01.07.2016. Veranstalter der Aktion: rent-a-guide GmbH

Geführte Tour gefällig?

Wie wäre es mit einer spannenden Stadtrundfahrt, einer auf Ihre Wünsche abgestimmten Führung, Tickets für Sehenswürdigkeiten ohne Warteschlange oder einem Flughafentransfer? Buchen Sie auf **www.polyglott.de/tourbuchung** mit rent-a-guide bei einem der deutschsprachigen Guides und Anbieter weltweit vor Ort.

Clever buchen, Geld sparen mit *Gutscheinaktion* unter www.polyglott.de/tourbuchung

www.polyglott.de

Was steckt dahinter?

Die kleinen Geheimnisse sind oftmals die spannendsten. Wir erzählen die Geschichten hinter den Kulissen und lüften für Sie den Vorhang.

Warum liegen die schönen Masserien nie am Meer?

Eine Masseria war einst die Residenz des Großgrundbesitzers, oder vornehmer: des Landadligen. Die großen Räume dienten als Stallungen, als Vorratskammern der herangeschafften (oder den Bauern abgepressten) Ernte, als Ölmühlen, aber auch als sichere Festung für die schutzbefohlenen Bauern und ihre Familien, wenn osmanische Piraten anrückten, was im 15. und 16. Jh. häufig der Fall war.

Deswegen finden sich auch keine Masserien direkt am Meer, sondern immer ein paar Kilometer im Hinterland. Oft haben sie sogar Geheimtüren, hinter denen man die wertvollsten Stücke des Hausstandes – oder auch mal sich selbst – verstecken konnte. Heutige Masserien sind in jedem Fall randvoll mit Geschichte. Wer sie als Urlaubsdomizil wählt – es gibt sie als Hotel in jeder Preisklasse –, begibt sich in einen regelrechten Abenteuerspielplatz, und die Inhaber berichten gern, was hier wann geschah.

Warum konnte sich Lecce so prachtvolle Bauten leisten?

Der heute eher arme Süden erlebte vor allem im 17. Jh. eine ungeheure Blüte. Die reichen Lecceser profitierten vom Ölboom – wohlgemerkt vom Olivenölboom. Das Öl wurde nämlich als Lampenöl in den Norden Europas geliefert und brachte viel Licht ins Dunkel, was sich die Kaufleute und Adligen dort eine Stange Geld kosten ließen. Die hiesigen Großgrundbesitzer legten den Reichtum aber nicht nur in prächtigen Villen, sondern auch in repräsentativen Sakralbauten an. Denn ein jeder wusste ja, dass man sich von allerlei kleinen und großen Sünden reinwaschen kann, wenn man dem lieben Gott ein Haus baut, und je prunkvoller das ausfiel, desto sicherer konnte man sein, doch noch im Paradies zu landen. Der sehr weiche und damit leicht zu behandelnde Lecceser Tuffstein tat ein Übriges, um den spielerisch-verzierten Barockstil hervorzubringen. Den Beinamen »Florenz des Südens« trägt die Stadt zu recht – ja, man könnte eigentlich Florenz auch »Lecce des Nordens« nennen …

Müssen Touristen Angst vor der Mafia haben?

Keine andere Region Italiens, nicht einmal Sizilien, ist so im Griff einer Mafia-Organisation wie Kalabrien. Doch wenn es überhaupt etwas Gutes über die 'Ndrangheta (› **S. 145**) zu sagen gibt, dann das: Touristen bleiben von ihr völlig unbehelligt – im Gegenteil gilt sogar, dass die Reisenden als Devisenbringer höchst willkommen sind.

Trulli in einem Weinberg bei Locorotondo

REISE-PLANUNG & ADRESSEN

Die Reiseregion im Überblick

Sommer, Sonne, Sand und Strand, antike Kultur, erholsame Naturlandschaften, mediterrane Küche und feurige Weine, feierliche Prozessionen und farbenprächtiges Feuerwerk: Der Süden Italiens hält, was er verspricht.

Der Gargano in **Nordapulien** zählt zu den beliebtesten und schönsten Baderegionen der Adria. Lebhafte, anmutige Städtchen wechseln sich ab mit langen Sandstränden und kleinen Felsbuchten am Meer. Die Badeparadiese an der Küste erstrecken sich vor immergrüner Macchia, Schatten spendenden Kiefern und kühlen Buchenwäldern in den höheren Lagen des Nationalparks Gargano. Das Kontrastprogramm bildet der Tavoliere, die unendlich scheinende, in der Sommerhitze flirrende Weite der größten Ebene des Südens. Von Dauniern und Römern erzählen die antiken Kunst- und Bauwerke der Region, wehrhafte Burgen und romanische Kirchen von den Menschen des Mittelalters, und von der Gegenwart die exzellenten Weine aus San Severo sowie die zeitgenössische Architektur.

Castel del Monte, das der Stauferkaiser Friedrich II. in seinem geliebten **Mittelapulien** errichten ließ und das heute UNESCO-Weltkulturerbe ist, wacht über die sanft zum Meer abfallenden karstigen Hügelzüge des Nationalparks Alta Murgia. Ebenfalls von der UNESCO geschützt ist die märchenhafte Trulli-Stadt Alberobello. In den engen Gassen der verwinkelten *Centri storici* der Küstenstädte und in den Murge faszinieren romanische Kirchen, die zu den schönsten Italiens gehören. Neben den zahlreichen Kultur-Highlights und der spektakulären größten Karstgrotte Italiens bei Castellana Grotte wirken vor allem die langen Sandstrände an der Adria südlich von Bari und um Castellaneta Marina am Ionischen

Daran gedacht?

Einfach abhaken und entspannt abreisen

- [ ] Reisepass / Personalausweis
- [ ] Flug- / Bahntickets
- [ ] Führerschein (Mietwagen)
- [ ] Babysitter für Pflanzen und Tiere organisiert
- [ ] Zeitungsabo umleiten / abbestellen
- [ ] Postvertretung organisiert
- [ ] Hauptwasserhahn abdrehen
- [ ] Fenster zumachen
- [ ] Nicht den AB besprechen »Wir sind für zwei Wochen nicht da«
- [ ] Kreditkarte einstecken
- [ ] Medikamente einpacken
- [ ] Ladegeräte
- [ ] Adapter für Schukostecker
- [ ] Sonnencreme mit ausreichendem Lichtschutzfaktor

Die Reiseregion im Überblick

La Grave, die riesige Eingangshalle der Grotte di Castellana

Meer als Besuchermagneten – nicht zuletzt natürlich auch die berühmten Weine der Region.

Sanft hügelig, mit uralten Olivenbäumen, knorrigen Weinreben, blendend weißen Gutshöfen und fast verloren wirkenden Städtchen zeigt sich das Innere **Südapuliens**. Bucht um Bucht, Strand um Strand: Die Küste lädt überall zum Sprung ins Wasser, zu Sport, Spaß und Erholung ein, hält nach dem Strandtag in Bars, Enotheken, Pizzerien und Feinschmeckerrestaurants mediterrane Küche und die exzellenten Weine des Salento bereit. Lebhaft, elegant, von Studenten und Kunsthandwerkern sowie verspielten Barockensembles geprägt, präsentiert sich Lecce. Hochrangige Kultur-Attraktionen offerieren auch die anderen Orte, und nachts erklingt Musik, wird getanzt oder sprühendem, funkelndem Feuerwerk zugeschaut. Höhepunkt der Festivals ist die Notte della Taranta im August.

Hohe Berge, dolomitenartige Felsspitzen und ein weites, noch kaum vom Massentourismus berührtes Hügelland mit traumhaften Panoramablicken bilden das Zentrum der **Basilikata**. Hier folgt man den Spuren der antiken Lukaner, der Normannen und Friedrichs II., genießt den vollmundigen Aglianco-Wein zu den herzhaften Käse- und Wurstspezialitäten. Ein touristisches Highlight sind die Sassi von Matera, eine einzigartige Höhlenwohnkultur. Nur in den kurzen Küstenabschnitten bei Maratea und Metaponto verändert die Region ihr Gesicht, bietet Süden pur mit Strand und Meer – und dem besterhaltenen griechischen Tempel des Südens.

Kristallklares Wasser und weite Sandstrände charakterisieren **Kalabriens** Küsten, wo im Hochsommer bis spät nachts das Leben pulsiert. Die Alt-

Klima & Reisezeit

Weinbau hat große Bedeutung in Apulien

stadtkulisse Tropeas, des wohl schönsten Badeortes der Region, scheint über dem Tyrrhenischen Meer zu schweben, während die Wasserburg Le Castella im Meeresschutzgebiet von Capo Rizzuto am Ionischen Meer einem Märchenbuch entstiegen scheint. Der Gegensatz zum hohen Bergmassiv des Nationalparks Pollino im Norden, zu der touristisch gut erschlossenen Berglandschaft des Nationalparks Sila in der Mitte und dem mancherorts einsamen und abweisenden Gebirgsstock des Nationalparks Aspromonte im Süden könnte nicht größer sein. Von Griechen, Römern, Byzantinern und Normannen erzählen Architektur und Kunstwerke, von der feurigen Pfefferschote und gehaltvollen Weinen die kalabresische Küche.

Klima & Reisezeit

Der Süden hält, was er verspricht: Von Mai bis September scheint die Sonne, das Meer hat Badetemperatur, und es regnet fast nie.

Dieses sehr trockene und heiße Klima lockt Urlauber und Einheimische an die Strände sowie in die Bergwelt Kalabriens und der Basilikata. Während an der Küste die Luft bei bis zu 40 °C flimmert, weht in den höheren Lagen meist ein kühleres Lüftchen, und die Temperaturen sind erträglicher.

Frühjahr und Herbst bieten sich für Wanderungen an, wenngleich man mit Regenschauern rechnen muss. Im Frühling verwandelt sich die Landschaft in ein duftendes Blütenmeer, der Herbst hüllt die Kastanienwälder in bunte Farben. Pilzkenner können sich nun auf die Suche machen. Eine Kulturreise

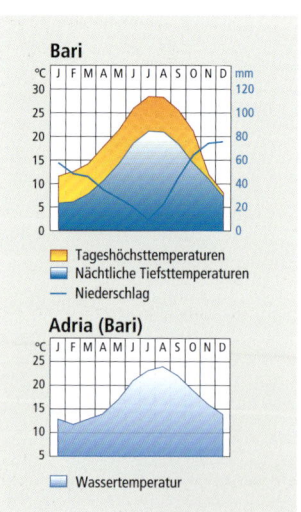

lässt sich das ganze Jahr über unternehmen. Das Winterhalbjahr bietet den Vorteil ungestörten Kunstgenusses, allerdings sind dann nicht alle Hotels, Lokale und Museen geöffnet.

Die Angst vor Touristenrummel ist ohnehin unbegründet: Überfüllt ist der Süden nur in der Woche um *ferragosto,* den 15. August. Dann ist ganz Italien auf den Beinen, das Unterhaltungsprogramm reicht vom Jazzkonzert über Tanzabende bis zu Prozessionen.

Anreise

Mehrere Fluglinien bieten im Sommer Direktflüge zu den apulischen Flughäfen (www.aeroportidipuglia.it) Bari (ab Berlin, Frankfurt/Hahn, Stuttgart, Köln-Bonn, Düsseldorf/Weeze, Karlsruhe, München, Zürich) und Brindisi (ab Bern, Genf, Köln-Bonn, München, Nürnberg, Zürich) an.

Im Hochsommer starten zusätzlich Chartermaschinen von weiteren Flughäfen. Nach Kalabrien (Lamezia Terme, Provinz Catanzaro; www.sacal.it) fliegt man von Zürich, Frankfurt/Main und Düsseldorf.

Es existieren keine direkten **Zugverbindungen** aus Mitteleuropa in Italiens Süden. Bahnreisende müssen in Nord- (Mailand, Venedig, Bologna) oder Mittelitalien (Florenz, Rom) umsteigen. Wer nach Kalabrien möchte, fährt über Neapel, wer nach Apulien möchte, über Ancona (www.fsitaliane.it).

Mit dem **eigenen Auto** erreicht man den Süden über ein gut ausgebautes, mautpflichtiges Autobahnnetz, das aus Norditalien entlang der tyrrhenischen Küste über Neapel (ab Salerno gebührenfrei) in die Basilikata und nach Kalabrien führt, entlang der adriatischen Küste über Ancona nach Apulien (Verkehrsregeln › **S. 153**).

Reisen in der Region

Mit dem Auto oder Mietwagen

Für Reisen innerhalb der Region empfiehlt sich das Auto, da kleinere Orte sonst nur umständlich, viele Strände und abgelegene Sehenswürdigkeiten überhaupt nicht erreicht werden können.

Alle großen Mietwagen-Firmen (AVIS, Europcar, Hertz, Maggiore) sind an den Flughäfen und in den Großstädten vertreten. Lokale Firmen bieten ihre Dienste auch in den kleineren Ferienorten an. Ab 35 € pro Tag für einen Kleinwagen, etwa 45 € für einen Mittelklassewagen müssen Sie rechnen. Oft sind Buchungen zusammen mit einem Flug ab Deutschland günstiger.

SPECIAL

Unterwegs mit Kindern

Italien darf als kinderfreundliches Reiseland gelten. In Hotels und Lokalen sind kleine Gäste meist herzlich willkommen. Sonne, Sand und Meer tun ein Übriges, um die Kids bei Laune zu halten. Baden und Sandburgen bauen – welches Kind würde dazu schon Nein sagen?

Acquaparks

Wenn Ihre Kids mehr Action möchten, dann ist ein Wasservergnügungspark genau das Richtige. Kleine, große, riesige, gerade und gewundene Rutschen gehören zur Grundausstattung jedes Acquaparks, im Hochsommer kommen immer Musik und Animation hinzu. Alle Parks verfügen über Bars und Restaurants.

- **Acquapark Ippocampo** [C3]
  An der SP 141 zwischen Margherita di Savoia und Manfredonia
  www.ippocampo.it
  Juni–Sept. tgl. 9–18.15 Uhr
- **Nuova Aqua Fans** [h2]
  Praia a Mare (CS) | Località Fiuzzi
  www.aquafans.it
  Ende Mai–Ende Sept. tgl. 10–19, Aug. auch 21.30–0.30 Uhr
- **Odissea 2000** [i/j3]
  Bei Rossano | Contrada Zolfara
  www.odissea2000.it
  Mitte Juni–Anfang Sept.
  tgl. 9.30–18 Uhr
- **Parco Splash** [E3]
  An der Küstenstraße von Gallipoli 2 km nach Norden, Ortsteil Rivabella
  www.splashparco.it
  Mitte Juni–Anfang Sept.
  tgl. 10–18.30, Aug. 9–2 Uhr

In die Unterwelt

Eine Besichtigung der **Grotte di Castellana** › S. 78, Italiens größter Karsthöhle, mit ihrer riesigen Eingangshalle und den vielen effektvoll ausgeleuchteten Tropfsteinen ist ein wirklich beeindruckendes Erlebnis (Kurzer Weg: 1 km, Dauer ca. 1 Std., langer Weg: 3 km, Dauer ca. 2 Std., im Sommer stündliche Führungen. Tel. 08 04 99 82 11, www.grottedicastellana.it).

Rund um die Tierwelt

Im **Zoosafari-Park** in Fasano bestaunen Sie frei lebende Giraffen, Zebras und Löwen vom eigenen Auto aus. Angeschlossen sind ein Meeresbereich, ein Reptilien- und ein Vogelhaus. Insgesamt leben hier 1700 Tiere aus 200 verschiedenen Arten. Gleich neben dem Zoosafari-Park liegt der **Vergnügungspark Fasanolandia** mit mehr als 25 Attraktionen und Fahrgeschäften.

Etwa 20 Sauriermodelle aus Kunstharz zeigt der **Parco dei Dinosauri** unweit der Grotte di Castellana. Der 10 m hohe Brachiosaurus ist wirklich beeindruckend!

Echte Tiere gibt es im **CEAM-Aquarium** in Capo Rizzuto zu sehen, und man darf sogar Seeigel anfassen – wenn man will!

- **Zoosafari-Park** [E5]
  Via della Zoosafari
  72015 Fasano
  www.zoosafari.it
  23. März–13. Okt. 10–15.00 Uhr, im Sommer länger.
- **Fasanolandia** [E5]
  www.zoosafari.it
  Der Park öffnet/schließt jeweils 30 Min./ 60 Min. später als der Zoosafari-Park.
- **Parco dei Dinosauri** [E5]
  Via Conversano 157 | an der SS 634
  2 km hinter Castellana Grotte
  www.ilparcodeidinosauri.it
  März–Sept. tgl. 9.30–13, 14.30–18.30 Uhr
- **CEAM-Aquarium** [j4]
  Piazza Santuario | Capo Rizzuto (KR)
  www.riservamarinacaporizzuto.it
  Mo–Sa 8–14, Di, Do auch 15–18 Uhr

Kulturelle Hits für Kids

Das sehr schöne und gut aufgebaute **Volkskundemuseum** im ehemaligen Franziskanerkloster in Monte Sant'Angelo mit Ölmühle, Weinpresse und Köhlerei › S. 56. Das **Museo delle Arti e delle Tradizioni popolari del Salento** in Santa Maria di Cerrate zeigt vollständig eingerichtete Zimmer – wie früher › S. 107. Die original ausgestattete **Casa Grotta** gibt eine gute Vorstellung von der Wohnkultur in den Sassi von Matera › S. 119. Magische Spindeln, riesige Pappmascheefiguren, Kostüme, Instrumente des bäuerlichen Lebens, Musikinstrumente: Ein Sammelsurium für kleine Entdecker wartet im wirklich originellen **Museo Civico di Etnografia e Folclore** in Palmi › S. 142. Fossilien, Mineralien, Flora und Fauna des Pollino sind ausgestellt im **Nibbio** in Morano Calabro › S. 126.

Papageienpärchen im Zoosafari-Park

Reisen in der Region

Weiße Strände und blaues Meer laden im Salento zum Bade

Mit Bus und Bahn

Das regionale Busnetz ist dicht, die Busse fahren fast alle Orte an, aber oft nur ein- oder zweimal pro Tag.

In Süditalien bedient die Bahn nur die großen Städte und mit lokalen Zügen vor allem die Küstenorte.

Die Benutzung von Bus und Bahn bietet Gelegenheit, Land und Leute kennenzulernen. Außerdem sind beide Verkehrsmittel deutlich günstiger als in Mitteleuropa (für eine Strecke von 100 km zahlt man ca. 6,50 €).

Mit dem Taxi

Offizielle Taxis müssen eine im Auto angebrachte Lizenz besitzen. Gerade im Süden bieten viele illegale Taxis ihre Dienste an. Für manche Fahrten gibt es Festpreise, etwa vom Flughafen Bari zum Hauptbahnhof Bari 23 €, nachts 25 €. In Bari kostet eine 10 km-Fahrt knapp unter 20 €.

Sport & Aktivitäten

Sonne, Sand und Meer – Süditalien bietet beste Bedingungen für einen Badeurlaub. Wassersport kann man außer in der Nähe von Häfen überall betreiben.

Die Wasserqualität ist fast durchweg hervorragend, dies signalisiert die »Blaue Flagge«, die an vielen Badestränden Süditaliens weht (www.blueflag.org). Doch auch Wanderer, Radfahrer und Golfer kommen auf ihre Kosten.

Schnorcheln, Tauchen, Surfen

Surfer schätzen besonders die Küste des Gargano als Spot mit guten Winden und starken Wellen › S. 55. Beliebte Tauchreviere finden sich z. B. um Capo Vaticano und Le Castella in Kalabrien. Auch zum

Sport & Aktivitäten

Fischen eignen sich die süditalienischen Küsten, eine Genehmigung ist nicht erforderlich. Für Seen und Flüsse ist eine Erlaubnis der Provinzverwaltung einzuholen.

Wandern und Radfahren

Zum Wandern bieten sich vor allem die Nationalparks an, die Wege sind inzwischen recht gut markiert. 14 Radtouren (auch für Mountainbiker) an der Küste und ins Hinterland der Provinzen Bari und Foggia findet man, mit Karten, unter www.viaggiareinpuglia.it/dir/PE8/17/it/Cicloturismo. Trekking-Touren auf dem Gargano werden unter www.viaggiareinpuglia.it/dir/PE8/19/it/Trekking vorgestellt.

Eco Gargano [C2/3]
Geführte Wanderungen im Nationalpark des Gargano, auch auf Deutsch.
- Vico Orto Cappuccini 6
  71037 Monte Sant'Angelo
  Tel. 08 84 56 54 44
  www.ecogargano.it

Garganobike [C2]
Monika Scherrer und Roli Städler bieten allerlei Biketouren auf dem Gargano an, sogar Bike & Yoga!
- c/o Villaggio Club degli Ulivi
  Loc. Santa Maria di Merino
  71019 Vieste | Tel. 33 16 15 23 73
  www.garganobike.com

Go Rent [D4]
Verleih von speziellen Trekkingrädern; auch geführte Radtouren durch Apulien.
- Piazza Garibaldi 23
  70054 Giovinazzo
  Tel. 34 00 01 43 11
  www.gorentbike.it

Kuren

Süditalien besitzt einige Thermalkurorte für medizinische Anwen-

Reizvolle Panoramen locken bei einer Radtour auf dem Gargano

dungen, darunter Torre Canne, Latronico, Lamezia Terme, Sibari und Guardia Piemontese. Infos bei ENIT › S. 153 oder unter www.italia.it/de/reisetipps/sport-und-wellness.html.

Golf
Golfspieler können auf den Greens von San Domenico, Torre Coccaro, Lecce (Acaya), G. C. Riva dei Tessali und in Metaponto einlochen. Informationen bei ENIT › S. 153.

Unterkunft

Je nach Geschmack und Geldbeutel findet im Süden jeder eine geeignete Unterkunft. Wer die Möglichkeit hat, sollte seinen Urlaub in die Vor- oder Nachsaison legen.

Besondere Hotels

- **Seggio** heißt der Sitz der adeligen Stadtverwaltung aus dem 17. Jh. mitten in Viestes wunderschöner Altstadt. › S. 54
- Eine schöne, strahlend weiß verputzte Masseria mit romantisch gestalteten Zimmern: **Il Frantoio** bei Marina di Ostuni. › S. 83
- Das **Al Convento** in Potenza vereint historisches Ambiente mit modernem Design. › S. 116
- Stilgerechte Möbel und ein wunderschöner Garten gehören zum eleganten Palazzo **Villa San Domenico** aus dem 18. Jh. in Morano Calabro. › S. 126
- Auf 1200 m Höhe liegt inmitten eines riesigen Parks in Camigliatello Silano die aus dem 18. Jh. stammende baronale Residenz **Torre Camigliati** mit ihren sympathisch-anmutigen Zimmern. › S. 134

Im Juni und September ist es nicht ganz so heiß, und die Preise sind bis zur Hälfte niedriger. Im August, vor allem um *ferragosto* (15. Aug.), empfiehlt sich eine rechtzeitige Reservierung. Viele Küstenhotels schließen im Winter.

Hotels und Apartments
Sie werden von den APT-Büros der jeweiligen Provinz vermittelt, die jährlich ein ausführliches Verzeichnis der Hotels, Agriturismo-Betriebe, B & Bs, Campingplätze und *Villaggi Turistici* (Apartmentanlagen) herausbringen. Villaggi Turistici, Klubs und Campingplätze bieten fast ausnahmslos in den Monaten Juli und August ein breit gefächertes Animationsprogramm, vom Kinderklub über Sport bis hin zu Disco und Beachparty am Abend.

Agriturismo
Naturnah und sehr erholsam ist Agriturismo, Urlaub auf dem Bauernhof, kombiniert mit typisch regionaler Küche (www.agriturist.it).

Unterkunft

Agriturist Basilicata [b2]
- Contrada Marrucaro 2
  85100 Potenza | Tel. 09 71 60 10 35
  Fax 0 97 15 23 28

Agriturist Calabria [h4]
- Via G. Pinna 28/30
  88046 Lamezia Terme
  Tel. 0 96 85 16 19 | Fax 0 96 85 13 83

Agriturist Puglia [D4]
- Via Amendola 166/5
  70126 Bari
  Tel. 08 05 48 45 69
  Fax 08 05 48 45 73

Ferienhäuser

Ferienhäuser *(case vacanza)* kann man an allen Küsten Süditaliens mieten, im Landesinneren stehen meist nur Apartments zur Verfügung. Adressen und Angebote findet man über die örtlichen Fremdenverkehrsämter und Immobilien- und Reisebüros *(agenzie immobiliare, agenzie di viaggio)*, die auf den Webseiten der Fremdenverkehrsämter aufgeführt sind.

Camping

Campingplätze gibt es überall an der Küste. Die meisten sind nur im Sommer geöffnet.

Infos und Verzeichnisse erhält man bei den Fremdenverkehrsämtern und der **Confederazione Italiana Campeggiatori** (Via Vittorio Emanuele 11, 50041 Calenzano/Firenze, Tel. 055 88 23 91, www.federcampeggio.it).

Jugendherbergen

Jugendherbergen gibt es u. a. in Santeramo in Colle (Bari), Lecce, Matera, Soverato, San Fili. Informationen bekommt man bei der **Associazione Italiana Alberghi per la Gioventù**, Via Cavour 44, 00184 Rom, Tel. 064 87 11 52, www.aighostels.it.

Feriendomizil für Individualisten

Abendliches Leben in der weißen Stadt Ostuni

LAND & LEUTE

Steckbrief

Apulien
- **Fläche:** 19 365 km², 830 km Küste
- **Provinzen:** Bari, Brindisi, Foggia, Lecce, Taranto, Barletta-Andria-Trani
- **Hauptstadt:** Bari
- **Bevölkerung:** 4 090 000 Einw.
- **Bevölkerungsdichte:** 210 Einw./km²
- **Arbeitslosenquote:** 15,6 %

Basilikata
- **Fläche:** 9990 km², 59 km Küste
- **Provinzen:** Matera, Potenza
- **Hauptstadt:** Potenza
- **Bevölkerung:** 578 000 Einw.
- **Bevölkerungsdichte:** 58 Einw./km²
- **Arbeitslosenquote:** 17,1 %

Kalabrien
- **Fläche:** 15 080 km², 710 km Küste
- **Provinzen:** Catanzaro, Cosenza, Reggio di Calabria, Crotone, Vibo Valentia
- **Hauptstadt:** Catanzaro, Parlamentssitz: Reggio di Calabria

- **Bevölkerung:** 1 981 000 Einw.
- **Bevölkerungsdichte:** 131 Einw./km²
- **Arbeitslosenquote:** 19,6 %.

Für alle Regionen
- **Größte Städte:** Bari: 323 000 Einw., Taranto: 203 300 Einw., Reggio di Calabria: 185 000 Einw.
- **Höchste Erhebungen:** Serra Dolcedorme 2267 m; Monte Pollino 2248 m; Monte Cornacchia (westl. von Foggia) 1151 m
- **Landesvorwahl:** 0039
- **Währung:** Euro
- **Zeitzone:** MEZ

Lage

Die drei südatlienischen Mittelmeer-Regionen (ital.: *Puglia, Basilicata, Calabria*) nehmen den Sporn und den Absatz, die Sohle und die Spitze des italienischen Stiefels ein. Im Osten wird die Küste von der Adria, im Süden vom Ionischen und im Westen vom Tyrrhenischen Meer umspült.

Hier finden sich traumhafte Sandstrände und romantische Fischerdörfer, aber auch überlaufene Badebuchten und architektonisch wenig gelungene Ferienorte.

Politik und Verwaltung

Italien ist eine Parlamentarische Republik, Staatspräsident ist seit 2015 Sergio Mattarella.

Die Verwaltung der Regionen liegt in den Händen der Regionalparlamente, die jedoch weit weniger Rechte besitzen als etwa die deutschen Bundesländer. An der Spitze jeder Provinz steht ein vom Zentralstaat eingesetzter Präfekt.

Eine wachsende Skepsis gegenüber den alteingesessenen Eliten zeigten erstmals die Regionalwahlen 2005: In Kalabrien, der Basilikata und Apulien gewann das Mitte-Links-Bündnis problemlos, das eher konservative Apulien wählte mit Nichi Vendola sogar Italiens ersten homosexuellen, kommunistischen Regionalpräsidenten, der 2010 im Amt bestätigt wurde. Bei den italienischen Parlamentswahlen 2013 bestätigte sich der Trend insofern, als die jenseits der etablierten Parteien stehende Bewegung Cinque Stelle des Komikers Beppe Grillo 25 % der Stimmen erhielt. Aus den vorgezogenen Regionalwahlen 2013 in der Basilikata und 2014 in Kalabrien gingen bei geringer Wahlbeteiligung erneut die Kandidaten des Mitte-Links-Bündnisses als Sieger hervor.

Wirtschaft

Grundsätzlich ist die Außenhandelsbilanz der Regionen des italienischen Mezzogiorno derzeit nicht sehr erfreulich. Dabei steht Apulien gegenüber Kalabrien und der Basilikata noch am besten da. Traditionelle Schwerindustriezonen liegen um Taranto, Brindisi und Manfredonia, bei Bari wurde ein Industrie- und Forschungszentrum für neue Technologien ins Leben gerufen.

Apulien verdankt seine relativ günstige Situation darüber hinaus seiner florierenden Landwirtschaft, dem Anbau von Hartweizen, Olivenöl und Wein sowie seiner Fischereiflotte. Doch Handel benötigt begleitende Infrastrukturmaßnahmen, und Süditalien profitierte weit weniger als der Norden von einer kontinuierlichen Förderung.

Zudem fanden die ohnehin schon geringen Mittel oft genug den Weg in die Taschen der 'Ndrangheta › **S. 145** oder der *Sacra Corona Unità,* der kalabresischen bzw. apulischen Variante der Mafia. Oft gilt in diesem Landstrich weiterhin: *O emigrante, o brigante* – Entweder auswandern oder zur Mafia gehen.

Bevölkerung und Sprache

In Apulien, Kalabrien und der Basilikata spricht man Italienisch in seiner süditalienischen Färbung und einheimische Dialekte.

Die bedeutendsten Minderheiten in Süditalien stellen die Albaner und die Griechen. Bereits 1534 ließen sich, nach der Eroberung ihres Landes durch die Türken, Albaner in der Basilikata sowie in Apulien nieder, in Kalabrien bildeten sie über 40 Gemeinden. Ihre Sprache konnten sie bis heute bewahren.

Eine bis in die Gegenwart anhaltende Folge der byzantinischen Herrschaft über Süditalien sind die griechischen Siedlungen in Apulien und Kalabrien. In einigen Orten im südlichen Aspromonte und in acht Gemeinden im Südosten von Lecce wird noch Griechisch gesprochen.

Geschichte im Überblick

2. Jt. v. Chr. Einwanderung von Illyrern nach Apulien; griechische (mykenische) Händler siedeln in Apulien, der Basilikata und im ionischen Kalabrien.
8. Jh. v. Chr. Die apulischen Japyger gliedern sich in Daunier (Norden), Peuketier (Mittelapulien) und Messapier (Salento); in der Basilikata und Kalabrien leben samnitische Stämme.
Um 700 v. Chr. Gründung griechischer Kolonien in der Basilikata und in Kalabrien.
5./4. Jh. v. Chr. Hellenisierung Süditaliens; Lukaner in der Basilikata und Bruttier in Kalabrien bedrohen die griechischen Kolonien.
266 v. Chr. Brindisi wird römische Kolonie und wichtigster Orienthafen des Römerreiches.
110 n. Chr. Bau der Via Traiana von Benevent nach Brindisi.
6. Jh. Nach den Gotenkriegen werden Kalabrien, die Basilikata und Apulien byzantinisch.
1071 Die Normannen erobern Bari, die byzantinische Hauptstadt Süditaliens.
1130 Roger II. eint Süditalien nach seiner Königskrönung in Palermo zu einem Staat.
1189 Kaiser Heinrich VI. erbt das normannische Königreich.
1212–1250 Friedrich II. fördert die süditalienischen Regionen.
1266 Mit den französischen Anjou setzt ein Niedergang ein.
1442 Alfons V. von Aragon nimmt das Königreich ein.
1504 Sieg Ferdinands II. von Aragon-Kastilien über die Franzosen; spanische Vizekönige sitzen in Neapel. Armut und Ausbeutung der Bauern nehmen zu.
17./18. Jh. Verfall der Wirtschaft; Aufkommen des Brigantentums.
1708 Österreichische Truppen erobern im Zuge des Spanischen Erbfolgekrieges Süditalien.
1735 Karl von Bourbon besiegt Österreich und erhält das süditalienische Königreich.
1806–1815 Franzosen beherrschen das Königreich.
1860 Anschluss an das italienische Königreich.
1908 Ein schweres Erdbeben zerstört Reggio di Calabria.
Sept. 1943–Febr. 1944 Brindisi ist italienischer Regierungssitz, da Rom von Deutschen besetzt ist.
1950 Gründung der 1993 wieder abgeschafften *Cassa per il Mezzogiorno* zur Förderung des Südens.
2005 In Apulien, Kalabrien und der Basilikata gewinnt das Mitte-Links-Bündnis die Regionalwahlen.
2013 Das Mitte-Links-Bündnis gewinnt knapp die Wahlen zum italienischen Abgeordnetenhaus, Enrico Letta (PD) führt eine Minderheitsregierung an.
2014 Matteo Renzi löst Letta nach parteiinternen Auseinandersetzungen als Ministerpräsident ab.
2015 Staatspräsident Giorgio Napolitano tritt aus Altersgründen zurück; Nachfolger wird Sergio Mattarella (PD).

Natur & Umwelt

Geografische Gliederung

Den nördlichsten Teil Apuliens bildet die Halbinsel Gargano mit dem gleichnamigen Gebirge, das eine Höhe von über 1000 m erreicht. Südlich schließen sich der Tavoliere di Puglia, eine weite Senke um Foggia, und die fruchtbaren Küstenebenen der Terra di Bari und d'Otranto an. Landeinwärts steigt die Landschaft treppenartig über die verschiedenen Stufen der Murge an, bis sie in der Basilikata im Vulkankegel des Monte Vulture (1326 m) ihren höchsten Punkt erreicht. Im Süden fallen die Murge, unterbrochen von tiefen eindrucksvollen Schluchten, den *gravine,* abrupt in die fruchtbare Ebene um Taranto ab, die sich entlang der Küste bis Metaponto hinzieht. Den ebenfalls zur Region Apulien gehörenden Absatz des Stiefels, den Salento, prägt im Wesentlichen eine sanfte Hügellandschaft.

Wer von Norden her in die Basilikata einreist, trifft auf das Pollino-Massiv, eine über 2000 m hohe Bergkette. Durch ganz Kalabrien zieht sich der Apennin: Die beiden bedeutendsten Gebirgsstöcke, die Sila im Norden und der Aspromonte im Süden, bestehen vor allem aus Granit und Gneis. Jäh stürzen die Felsen zum Meer hin ab, während die Höhen oft den milderen Charakter grüner Hochflächen haben. Rar sind auch in Kalabrien ausgesprochene Ebenen.

Flora und Fauna

Palmen und Bergföhren, duftende Macchia und dichte Kastanienwälder: Die Pflanzenwelt des Südens ist entsprechend den immensen Höhenunterschieden vielseitig. Die Nutzflächen mit Oliven, Wein, Mandeln, Feigen und Obst sowie die herbe Macchia verbreiten mediterranes Flair. In höheren Lagen wachsen Steineichen und Oleaster. Den Apennin bedecken noch teilweise dichte Kastanien- und Buchenwälder. Öd und kahl erscheinen die höchsten Gipfel in der Basilikata und Kalabrien – Bergweiden und Fels bestimmen hier die Landschaft.

In Kalabrien und der Basilikata sind neben den auch in Mitteleuropa verbreiteten Tieren wie Wildschweinen, Rehen, Mardern und Dachsen auch Stachelschweine und Wölfe zu Hause. Die artenreiche

Olivenbaum bei Monopoli

Vogelwelt, die die Küstenseen und -lagunen als Winterquartier nutzt, ist mit zahlreichen wunderschönen Exemplaren vertreten, etwa dem Großen Flamingo oder dem Rötelfalken. Die berühmte Tarantel zählt zu den über 200 heimischen Spinnenarten. Manche sind giftig, ebenso wie die im ganzen Süden verbreitete Aspisviper. Eine Besonderheit sind die Grottentiere Apuliens, von denen bestimmte Krebse und Garnelen nur hier heimisch sind.

Umweltprobleme

Die abwechslungsreiche Küste ist 1600 km lang. Da sich die Industriekomplexe auf wenige Standorte beschränken, lässt auch die Wasserqualität nichts zu wünschen übrig. Die drei süditalienischen Regionen könnten mit ihrer artenreichen und vielfältigen Flora und Fauna ein wahres Paradies sein. Könnten, denn die Sensibilität der Bevölkerung für den Erhalt ihres Lebensraums scheint nach wie vor noch unzureichend entwickelt zu sein. Dies beginnt mit dem Zurücklassen von Plastikmüll nach dem Familienpicknick an Stränden und auf Wiesen oder der mangelnden Versorgung mit Kläranlagen und gipfelt im *abusivismo*. Der Begriff bezeichnet die verbreitete Unsitte, dass jeder baut, wo und was er will, mit oder ohne Genehmigung. Die Städte wuchern dadurch planlos in alle Richtungen, lange Küstenabschnitte wurden durch das wilde Bauen völlig verschandelt.

Waldbrände

Ein weiteres Umweltproblem sind Waldbrände: Wer im Sommer durch den Süden fährt, wird immer wieder Rauchfahnen aufsteigen sehen. Bei nicht selten 40 °C entzündet sich das strohtrockene Macchiagebüsch tatsächlich leicht, doch die Mehrheit der Brände ist von Menschen verursacht. Achtlos weggeworfene Zigaretten spielen sicher eine Rolle, doch gezielte Brandstiftung ebenfalls. Einige Gründe: In Naturschutzgebieten darf nicht gebaut werden, nach einem Feuer werden Flächen aber oft von der Kommunalver-

SEITENBLICK

Stein und noch mal Stein

Felsen und Grotten, Mäuerchen und Trulli – Stein in allen Formen dominiert das Landschaftsbild des Südens. Weite, im Sommer trockene Flusstäler, *fiumare* genannt, durchziehen mit ihren Geröllhalden Kalabrien, als wollten sie sich auch ohne Wasser zum Meer fortbewegen. Apulien ist die größte Karstregion Italiens. Das mit dem Regenwasser in das Gestein des Gargano und der Murge einsickernde Kohlendioxyd bewirkt die Lösung des Kalks und die Bildung riesiger Höhlen. Die größte liegt bei Castellana Grotte. Ihre hohen Hallen werden *grave* genannt. Die großen Mulden, Dolinen, die in Apulien auch *pulo* heißen, sind Hallen, deren Decken eingestürzt sind. Typisch für die Region sind auch die *gravine*, tiefe, schluchtartige Taleinschnitte.

waltung zur Bebauung freigegeben – ein Problem vor allem in Kalabrien. Von der EU gibt es Gelder für die Wiederaufforstung, z.B. von abgebrannten Olivenhainen. Saisonale Waldarbeiter werden nur eingestellt, wenn es brennt, und gerade im Süden sind viele Menschen auf den Job als Waldhüter (oftmals der einzige verfügbare) angewiesen.

Bis Deutschland dringen die Nachrichten über Großfeuer meist nur, wenn auch Urlauber davon betroffen sind, wie im Juli 2007 in Peschici. Damals überzogen Flächenbrände besonders großen Ausmaßes ganz Süditalien und vernichteten gut 100 000 ha Wald. Auch 2012 loderten in Apulien und Kalabrien die Flammen, z. B. im Nationalpark Pollino.

Kunst & Kultur

Frühzeit

Zu den frühesten künstlerischen Äußerungen Süditaliens gehören das rund 13 000 Jahre alte Felsbild des Urstiers in Papasidero (Kopie im Museo Nazionale Reggio di Calabria › **S. 144**) und die aus Ton modellierten weiblichen Figuren im Museum von Taranto › **S. 93**.

Antike

Ab dem 8. Jh. v. Chr. brachten die griechischen Kolonisatoren neue Anregungen mit nach Süditalien. Mythologische Themen schmückten ihre Keramik. Doch den Griechen verdankt Unteritalien mehr als nur die Vasenmalerei: Man denke nur an Pythagoras, der 538 v. Chr. nach Kroton übersiedelte. Unter den unzähligen antiken Fundstücken nehmen der herrliche Goldschmuck von Tarent › **S. 93** und die imposanten Bronzen von Riace im Museum von Reggio di Calabria, zwei der ganz wenigen erhaltenen original griechischen Kriegerstatuen › **S. 144**, eine besondere Stellung ein.

Eine qualitätvolle Kunst entwickelten auch die einheimischen Stämme Apuliens. Peuketische Stadtmauern sieht man noch in Altamura, messapische in Manduria.

Eine der Bronzen von Riace

Die Römer bauten nach ihrer Eroberung Süditaliens in der ersten Hälfte des 3. Jhs. v. Chr. zuerst Straßen. Die Städte entlang dieser Verkehrswege blühten auf, was die Amphitheater von Venosa, Lucera und Lecce eindrucksvoll zeigen.

Byzantinische Kunst

Die Rückeroberung von Apulien, Kalabrien und Teilen der Basilikata durch Byzanz Ende des 9. Jhs. spiegelt sich auch in der Kunst wider. Die Sakralbauten wurden jetzt über dem Grundriss des griechischen Kreuzes errichtet, erhielten orientalisch anmutende Kuppeln (Otranto, Rossano, Santa Severina). Fresken mit Heiligendarstellungen schmücken die Wände unzähliger Eremiten- und Mönchsgrotten (Matera, Massafra, Mottola, Gravina in Puglia). Die großen Augen, die starre Haltung und die komplizierten Faltenwürfe der Gewänder sind typisch für diese Malerei, die als volkstümliche Votivkunst noch Jahrhunderte nach dem Ende der byzantinischen Herrschaft in Süditalien fortlebte.

Romanik

Die zweite große künstlerische Blütezeit des Südens nach der griechisch-apulischen begann im 11. Jh. Der Prototyp der romanischen Kathedralen Apuliens, San Nicola in Bari, nahm die dreischiffige Basilika der 1071 geweihten Mutterkirche der Benediktiner in Montecassino zum Vorbild. Die Bildhauer widmeten sich aber nicht nur der Bauskulptur, auch Altarbaldachine, Kanzeln und Bischofsstühle wurden überreich ornamental und figürlich dekoriert. Als bahnbrechender Neuerer galt im 11. Jh. Acceptus, dessen Werkstatt wahrscheinlich in Bari ansässig war. Unter Friedrich II. griffen die Künstler wieder verstärkt antikes Ideengut auf.

Bischofsthron in San Nicola, Bari

Gotik und Renaissance

Frühestes Zeugnis dieser Epoche war der 1222 in Anwesenheit Kaiser Friedrichs II. geweihte Dom von Cosenza, dessen großartiger Raumeindruck an die Zisterzienserarchitektur Frankreichs erinnert. Der eigentliche Siegeszug der Gotik erfolgte dann unter den neuen französischen Herren, den Anjou. Der Chorumgang des Doms und San Sepolcro in Barletta und die Strebepfeiler am Dom von Lucera stehen für die neue Tendenz. Neapel war nun die Hauptstadt des Reiches, und Apulien, Kalabrien und die Basilikata verkamen auch hinsichtlich der Kunst zu Provinzen. Während der Renaissance dominierten den Kunstmarkt in Apulien Importwaren aus Venedig und dem Adriaraum, in Kalabrien neapolitanische und spanische Arbeiten.

Barock

Blumenvasen und Grotesken, Bänder und Voluten – die Fassaden der barocken Kirchen und Paläste Lecces strotzen vor Dekor. Zwischen 1550 und 1750 schien die Stadt neu zu entstehen. Während die Architektur oft den klaren Linien der Spätrenaissance folgte, waren Dekor und Ausstattung äußerst prunkvoll. Dieser Lecceser Stil war eine eigenständige Entwicklung des in Süditalien weit verbreiteten Barock. Zu den charakteristischen Arbeiten gehören auch die großartigen Holzschnitzereien an Kanzeln und Chorgestühlen.

Zeitgenössische Kunst

Nach langer Stagnation kam vor einigen Jahren Bewegung in die Kunstszene. So wurde in Crotone mit dem MACK (Museo provinciale di Arte Contemporanea Krotone) 1998 ein erstes Zeichen gesetzt. 2008 folgte in Catanzaro das MARCA (Museo di Arte Moderna e Contemporanea), 2009 in Bitonto die erste Nationalgalerie Apuliens für zeitgenössische Kunst (Galleria Nazionale di Arte Moderna e Contemporanea), 2012 das Teatro Margherita in Bari.

Zu den bedeutendsten Künstlern des Südens zählt der in Catanzaro gebürtige Mimmo Rotella (1918–2006). Der Vertreter des Nouveau Réalisme wurde durch seine Plakatabrisse (sog. Decollagen) bekannt.

SEITENBLICK

Castello normanno, svevo oder aragonese?

Die meisten Burgen in Süditalien gehen auf die Normannen zurück, die recht einfache Bauten, oft schlichte Wehrtürme, errichteten. Die Staufer erweiterten sie zu rechteckigen Kastellen *(castello svevo)*, an den Portalen und im Inneren tauchten erste Skulpturen auf. Die Anjou brachten die gotischen Spitzbogen mit, die Aragonesen fügten die mächtigen runden Bastionen hinzu.

Unter Karl V. und den Spaniern baute man entsprechend den neuen militärischen Erfordernissen Lanzenbastionen an. Stilreine Kastelle aus einem Guss wird man – bis auf das Meisterwerk Castel del Monte – in Süditalien vergebens suchen. Die meisten Wehrtürme an den Küsten Apuliens und Kalabriens wurden im 16. Jh. und zur Abwehr der Türken errichtet.

Feste & Veranstaltungen

Im Süden Italiens feiert man gerne. Alle Orte haben ihren *estate,* ihr Sommerprogramm mit Konzerten, Tanz und Performance, Ausstellungen und Straßenmärkten.

Höhepunkte sind immer die Feste zu Ehren der Stadtheiligen mit traumhaft schönen Feuerwerken – Apuliens Feuerwerker gelten zu Recht als die besten Italiens!

Festkalender

Februar: Karneval mit Umzügen in Putignano und Gallipoli.
März/April: Ostern. Karprozession u.a. in Taranto und Gallipolli; Karfreitagsfestlichkeiten mit nachgestellten Kreuzwegstationen in Catanzaro; Affruntata in Vibo Valentia (Begegnung Christus und Maria, So).
Mai: Historischer **Umzug und Prozession auf dem Meer zu Ehren des hl. Nikolaus** in Bari. **Patronatsfest** von San Cataldo mit Prozession in Taranto. **Nächtliche Prozession** zum Capo Colonna bei Crotone zu Ehren der Madonna. **Storica Processione dei Turchi:** Prozession in historischen Kostümen in Potenza.
Mai/Juni: Pfingsten: Malerische **Pfingstprozession** in spanischen Kostümen in Melfi.
Juli bis August: Festival di Altomonte: Theater, Opern, Konzerte und Ausstellungen.
Mitte Mai bis Mitte September: Città aperte in ganz Apulien mit langen Öffnungszeiten für Sehenswürdigkeiten und Museen, dazu Musik und Events.

Eine Kapelle spielt beim lokalen Musikfestival in Vieste

Juli: Fest zu Ehren der **Madonna della Bruna** mit Prozession in Matera.
Juli/August: **Festival internazionale della Valle d'Itria:** Opern- und Gesangsfestival in Martina Franca. **Musikfeste** in fast allen Orten des Südens.
August: Spektakel und **Meeresprozession zu Ehren San Nicola Pellegrinos** in Trani. Konzerte, Lichterprozession und Feuerwerk sind Höhepunkte der **Festlichkeiten zu Ehren des Stadtpatrons Sant'Oronzo** in Lecce (24.–26.). **Corteo Storico** und **Torneo dei Rioni:** historischer Umzug zu Ehren Friedrichs II. und Reiterspiele in Oria.
La Notte della Taranta: ❗ Größtes Musikfestival des Südens (Folklore, Jazz, Rock); ein Muss für Musikfreunde und In-Treff auf dem Salento (www.lanottedellataranta.it).
September: **Festa della Madonna dei Martiri** mit Meeresprozession in Molfetta.
Dezember: **Nikolausprozession** in Bari. **Fiera dei Pupi** mit Pappmaschee- und Tonfigurenmarkt in Lecce.

Essen & Trinken

Die Küche des Südens verspricht mediterrane Leichtigkeit, viel Fisch und Gemüse, Nudeln in allen erdenklichen Variationen, aber auch Lamm und Zicklein.

Freuen Sie sich auf köstliche Antipasti, variantenreiche Nudelgerichte, wunderbar zubereiteten Fisch und schließlich einen Likör oder Grappa zur Verdauung!

Von Antipasti bis Dolci

Schwarze, grüne, getrocknete, eingelegte Oliven: Sie sind im Süden unabdingbarer Bestandteil der **Antipasti,** der kalten Vorspeisen, ohne die kein italienisches Menü beginnt. Gegrillte Auberginen, Zucchini und Paprikaschoten, eingelegte Artischocken und getrocknete Tomaten, Omelettstücke, Tintenfisch- oder Meeresfrüchtesalat, marinierte Sardellen, *ricotta,* Salami und Schinken komplettieren die äußerst reichhaltige Palette. Eine besondere Spezialität sind *lampasciuni* bzw. *cipollizzi,* kleine bittere Zwiebeln, und hartes Brot, *frese* oder *frise* genannt, das mit Wasser benetzt und mit Tomaten eingerieben serviert wird.

Eigentlich ist man jetzt schon satt, aber wer kann den verlockenden **Nudelgerichten** *(paste)* schon widerstehen? Die typischen Nudeln Apuliens, *orecchiette* (»Öhrchen«), werden traditionell mit *cima di rapa* (Rübstiel, Stängelkohl) gereicht. *Troccoli, fusilli, strascinati, maccarruni, cavatelli …*: Die Formen und Dialektnamen der hausgemachten Teigwaren variieren von Ort zu Ort, alle schmecken jedoch hervorragend. Wie die Kartoffelklößchen *(gnocchi)* können sie mit Fleisch- *(ragù)* oder Tomatensoße *(sugo*

Wirklich gute Pasta kommt nicht aus der Fabrik

di pomodoro) und bestreut mit salzigem Käse *(ricotta salata)* aufgetischt werden. Besonders häufig findet man im Süden Nudelgerichte kombiniert mit Hülsenfrüchten wie Kichererbsen und verschiedene Bohnensorten; v. a. in der Basilikata kommen oft noch Miesmuscheln hinzu.

Reis wird an der Küste mit Meeresfrüchten *(risotto alla marinara)* und Tintenfischsoße *(risotto nero)* serviert. Natürlich ist Fisch auch ein beliebtes **Hauptgericht** *(secondo)*. Größere Fische werden gegrillt, im Rohr gegart oder gedünstet mit Tomatensoße verzehrt. Kleinere Fische wie Sardinen *(sarde)* und Sardellen *(acciughe)* isst man meist frittiert. Schwertfisch *(pesce spada)* und Thunfisch *(tonno)* kommen auf den Grill oder in die Pfanne. In der Basilikata und in Kalabrien stehen auch Pilze und Wild auf dem Speiseplan. Auch Lamm *(agnello)* und Zicklein *(capretto)* aus dem Ofen sollte man versuchen. Spießchen mit Lamminnereien *('niumarieddi* oder *gnumirriddi)* gelten als Delikatesse. Als Beilagen gibt es Gemüse *(verdure)* neben Pommes frites und gemischtem Salat.

Das Essen endet mit *frutta,* Obst der Saison, *dolci,* **Süßspeisen,** die im Süden besonders kunstvoll zubereitet werden, oder *gelato,* hausgemachtem Eis, sowie dem üblichen Espresso. Jetzt braucht man dringend etwas zur Verdauung: Zur Auswahl stehen ein Zitronenlikör *(limoncello),* ein lokaler Magenbitter *(amaro)* und ein Nussschnaps *(nocino).*

SEITENBLICK

Zum Picknick »salsicce« und »taralli«

Die unzähligen Wurstsorten Kalabriens und der Basilikata eignen sich hervorragend für ein opulentes Picknick. In Kalabrien meist mit roten, getrockneten Peperoni, in der Basilikata mit schwarzem Pfeffer scharf gewürzt sind die *salsicce.* Die *soppressata,* eine Art feine Salami, wird aus magerem Schweinefleisch hergestellt. Zu den einheimischen Spitzenprodukten sind auch vorzügliche Käsesorten zu rechnen: der *mozzarella,* die *burrata* (ein weicher, mozzarellaartiger Frischkäse), die *burrini* oder *butirri* (mit Butterstück in der Mitte), die *ricotta* (ein Frischkäse) und die festen Sorten *caciocavallo, provolone* und der geräucherte *scamorza.* Dazu isst man das hervorragende, mit Maismehl angereicherte Brot Apuliens. Auch die angebotenen Anisringe *(taralli)* und das kalabresische Ringbrot *(pitta)* schmecken ausgezeichnet.

Durstlöscher und Weine

Wenn es richtig heiß ist, verschaffen die *granite* Abkühlung, Getränke mit zerhacktem Eis darin, die es *al limone, al caffè* oder *alla menta* (Pfefferminze) gibt. Fein sind dann auch eine Mandelmilch *(latte di mandorla)*, ein Eistee *(tè freddo)*, ein kalter Espresso mit Eiswürfeln *(caffè shakerato)* oder eine Pfefferminzmilch *(latte con la menta)*.

Die traditionellen Weine des Südens steigen einem leicht zu Kopf! Fast alle erreichen einen Alkoholgehalt von 13 Vol.-% und mehr. Die Rotweine, meist aus den einheimischen Trauben Negroamaro, Primitivo und Aglianico erzeugt, sind robust, lebhaft und harmonisch im Geschmack, die trockenen und duftigen Roséweine besitzen viel Körper, die Weißen sind leicht feurig, von intensiv strohgelber Farbe und angenehmem Bouquet.

Seit Jahren experimentieren die süditalienischen Winzer auch mit »internationalen« Rebsorten wie Chardonnay, Sauvignon Blanc und Pinot Bianco, die zusammen mit den einheimischen Sorten exzellente Flaschenweine ergeben.

In Apulien gehören die leichteren Weißweine (um 11,5 Vol.-%) wie der *Bianco di San Severo*, der *Castel del Monte* oder die ausgezeichneten Weißen der Valle d'Itria – allen voran der *Locorotondo* – zu den Spitzenprodukten. Im Salento werden traditionell die besten Roséweine produziert. Eine Spezialität der Region ist der trockene, duftige, sherryähnliche *Moscato di Trani*.

Der bekannteste Wein der Basilikata, der granatrote *Aglianico di Vulture*, überzeugt mit seinem frischen vollen Geschmack.

Schwere, gehaltvolle rubinrote Weine mit viel Körper werden in Kalabrien erzeugt. Zu den hochgeschätzten Kreszenzen zählt der rubinrote, duftige *Cirò*. Der *Greco di Bianco* und der *Malvasia di Catanzaro* sind hervorragende Dessertweine.

Herausragende Restaurants

- Beste apulische Hausmannskost serviert das gemütliche Lokal **Veste** in Viestes Altstadt. › S. 54
- Apulische Küche vom Allerfeinsten genießt man in der stilvoll gestalteten Grotte der **Osteria del Tempo Perso** in Ostuni. › S. 83
- Lukanische Küche, fantasievoll zubereitet, trotzdem bodenständig: Es ist ein Genuss in der **Osteria Gli Amici di Cucco** in Gravina di Puglia zu speisen. › S. 87
- Fisch, Fisch, Fisch: roh wie die Apulier ihn mögen, aus dem Ofen mit Gemüse oder frittiert, immer qualitätvoll im **Canale** in Taranto. › S. 94
- Exzellente kalabresische Gerichte, kredenzt in einem alten Palast: **Barbieri** in Altomonte. › S. 127
- Hervorragende Küche in einem alten Landhaus mit traumhafter Panoramaterrasse bietet das **Ristorante Go** in Pizzo. › S. 146

**Weithin sichtbar thront
Ostuni auf einer Anhöhe
über der Ebene**

TOP-TOUREN & SEHENS-WERTES

NORDAPULIEN

Kleine Inspiration

- **Auf der Tremiti-Insel San Domino** einen entspannten Badetag einlegen › S. 52
- **Die stillen Laubwälder** der Foresta Umbra auf einer Wanderung erkunden › S. 53
- **Einen Abendspaziergang** durch die belebte Altstadt von Vieste machen › S. 54
- **Der faszinierenden Michaelsgrotte** einen Besuch abstatten › S. 56
- **Den weiten Blick** über den Tavoliere vom Kastell in Lucera aus genießen › S. 58

Karte
S. 51

Tour 1 | 2 **Nordapulien**

Kleine, von Felsen gerahmte Badebuchten, hübsche Fischerorte und ausgedehnte Laubwälder in der Foresta Umbra: Die Halbinsel Gargano, der Sporn Italiens, bietet fantastische Landschaftserlebnisse am Meer.

65 km ragt sie in die Adria, das gleichnamige Gebirge erhebt sich mit dem Monte Calvo bis auf 1055 m Höhe. Süditaliens bestes Campinggebiet, das aber auch einfache Apartments, Familienhotels und luxuriöse Ferienanlagen bereithält, lädt ein zu Badefreuden und Wanderungen, aber auch zu abwechslungsreichem Kunstgenuss. Von antiken Stelen in Manfredonia und mittelalterlicher Baukunst in Monte Sant'Angelo bis zu zeitgenössischer Architektur in San Giovanni Rotondo reicht die Palette. Eine ganz eigene Faszination strahlt der Tavoliere aus, die weite, dem Gebirge vorgelagerte Ebene mit ihren endlos scheinenden Getreidefeldern. Wer auf den ersten Erhebungen am Rande des Tavoliere, in Lucera oder Troia, steht, genießt an klaren Tagen einen beeindruckenden Blick über ganz Nordapulien.

Touren in der Region

 Über die Halbinsel Gargano

Route: **Rodi Garganico** › **Isole Tremiti** › **Vico del Gargano** › **Foresta Umbra** › **Peschici** › **Vieste** › **Monte Sant'Angelo** › **San Giovanni Rotondo** › **Manfredonia**

Karte: Seite 51
Länge: 5 Tage, 175 km
Praktische Hinweise:
- Für die Besichtigung des Grottenheiligtums in Monte Sant'Angelo und der Pilgerkirche in San Giovanni Rotonda an angemessene Kleidung denken. Badesachen nicht vergessen!

Tour-Start:
Tag 1: Die typische Landschaft des Gargano präsentiert sich schon im malerisch gelegenen **Rodi Garganico** 1 › S. 52: Im Hintergrund schimmern immergrüne Kiefernwälder, davor das blaue Meer. **Tag 2:** Von Rodi aus setzen Tragflügelboote auf die **Tremiti-Inseln** 2 › S. 52 über, ein traumhaftes Badeparadies. **Tag 3** gehört der **Pineta Marzini**, dem dichten Pinienwald des Ferienortes **San Menaio** [C2], bevor es hinaufgeht ins ursprüngliche **Vico del Gargano** 4 › S. 53 und weiter zum Wandern in die **Foresta Umbra** 5 › S. 53. Zurück am Meer, leuchten

Der Gargano bezaubert mit schöner, wilder Küstenlandschaft

Nordapulien Tour 1: Über die Halbinsel Gargano

In der Altstadt von Vieste

die grauen Kuppeln auf den Häusern **Peschicis** 3 › S. 53. Die Fahrt führt kurvenreich an wehrhaften Türmen und Badebuchten vorbei ins liebreizende Städtchen **Vieste** 6 › S. 54 mit dem Pizzomunno-Felsen am wunderschönen Sandstrand.

Tag 4: Man verlässt Vieste Richtung Süden. Immer wieder öffnet sich der Blick auf einladende Badebuchten. Die Aussicht auf die steil ins Meer stürzenden Felsen weicht nun dem Panorama der weiten Ebene um das weiß am Hang aufblitzende **Mattinata** [C2/3] inmitten ausgedehnter Olivenhaine. Hinter dem lebendigen Städtchen führt die Straße mit Ausblick auf die Küste und den Tavoliere die kahlen Berghänge hinauf nach **Monte Sant'Angelo** 8 › S. 56 zum aussichtsreichen Kastell. Romanische Kirchen, ein auch für Kinder interessantes Volkskundemuseum sowie das Grottenheiligtum des Erzengels Michael warten in dem Ort.

Tag 5: Noch mehr Frömmigkeit, gepaart mit moderner Baukunst von Stararchitekt Renzo Piano, bietet **San Giovanni Rotondo** 9 › S. 57. Die Tour endet in **Manfredonia** 7 › S. 55. Die größte Stadt auf dem Gargano überrascht mit einem gepflegten Zentrum und den erstaunlichen Stelen der Daunier aus dem 7. Jh. v. Chr.

Tavoliere – die größte Ebene des Südens

Route: Foggia › San Severo › Lucera › Troia › Margherita di Savoia

Karte: Seite 51
Länge: 3 Tage, 150 km
Praktische Hinweise:
- Im Hochsommer erreichen die Temperaturen in der Ebene bis zu 40 °C. Man sollte daher Besichtigungen in die Morgen- oder späten Nachmittagsstunden legen.

Tour-Start:

Tag 1: In **Foggia** 12 › S. 61 wandelt man auf den Spuren Friedrichs II. und der Daunier. Zur Weinprobe geht es in die Altstadt von **San Severo** 10 › S. 57, anschließend hinauf in die ehemalige Sarazenenstadt **Lucera** 11 › S. 58. **Tag 2:** Die Burg Friedrichs II., der gotische Dom und Relikte aus daunischer Zeit lohnen den Besuch, genau wie der herrliche Panoramablick über ganz Nordapulien. **Tag 3:** Bei der Weiterreise öffnen sich weite Ausblicke auf den Tavoliere. **Troia** [A4] überrascht mit der schönsten Fensterrosette der ganzen Region in der reich skulptierten Fassade des romanischen Doms. Ein Blickfang auf dem Weg an die Küste ist die Kuppel des Doms von **Cerignola [C4]**, und von Weitem leuchten die Salzberge bei **Margherita di Savoia** 13 › **S. 62**. Nach dem Museumsbesuch locken die schönen Strände im Norden des Naturschutzgebietes, bei den Salinen.

Verkehrsmittel

Um entlegene Strände zu erreichen, braucht man ein Auto. Zwischen den Orten verkehren Busse (www.oraribus.com/orari-autobus/puglia; www.ferroviedelgargano.com, weiter unter »Autolinee extraurbane«). Für Bahnfans: Bummelzug von San Severo nach Peschici (www.ferroviedelgargano.com).

Touren in Nordapulien

Tour 1 — Über die Halbinsel Gargano
Rodi Garganico › Isole Tremiti › Vico del Gargano › Foresta Umbra › Peschici › Vieste › Monte Sant'Angelo › San Giovanni Rotondo › Manfredonia

Tour 2 — Tavoliere – die größte Ebene des Südens
Foggia › San Severo › Lucera › Troia › Margherita di Savoia

Unterwegs in Nordapulien

Rodi Garganico 1 [B2]

Vor dem Hintergrund immergrüner Kiefern erstreckt sich der Ort malerisch auf einem Felsvorsprung über dem Meer. Zwischen zwei langen Stränden liegen die weißen Häuser im gleißenden Licht. Der Corso Umberto öffnet sich an der Piazzetta wie ein Wohnzimmer. Hier trifft man sich abends, nach einem Strandtag am südlichen, 1 km langen feinen Sandstrand Lido del Sole. Camping- und Apartmentanlagen fügen sich hier ideal in die mediterrane Natur, man genießt Bars und Sportaktivitäten, Sonne und Animation. Ein Erlebnis ist das Patronatsfest am 2. und 3. Juli.

Hotel

Villa Americana Park Hotel €–€€
Modernes großes Haus im Park mit Klubcharakter; Pool, Spielplatz und Garage, 900 m zum Privatstrand.

- Via C. Grossi 23 | 71012 Rodi Garganico
Tel. 08 84 96 63 90
www.villaamericana.it

Restaurant

Il Gabbiano €–€€
Terrasse direkt am Strand, typisch apulische Küche. Ostern–Sept., Okt.–Jan. nur bei schönem Wetter.
- Via Trieste 16 | 71012 Rodi Garganico
Tel. 08 84 96 61 82
www.lidoilgabbiano.com

Isole Tremiti 2 ★ [B1]

Gute 20 km vom Festland entfernt liegt die kleine Tremiti-Inselgruppe, die aus den drei größeren Eilanden San Nicola, San Domino und Capraia sowie einigen Felsen rundherum besteht: ein echtes Paradies in der Adria! **50 Dinge** ① › S. 12.

San Nicola, Hauptort der gleichnamigen Insel, ist ganz von Mauern umgeben. Benediktiner errichteten hier im 11. Jh. die ungewöhnliche Abteikirche Santa Maria a Mare. Um einen besseren Eindruck von den Befestigungsanlagen zu gewinnen, geht man hinaus auf die kahle Hochebene. Der Wind erfrischt, die Möwen schreien, am Ufer gegenüber taucht die Silhouette des Gargano auf, und die weißen Felsen des touristisch gut erschlossenen **San Domino** leuchten vor den grünen Pinien. Bevor man sich auf dieser Insel dem Badevergnügen am Sandstrand oder auf den Felsen hingibt, sei ein Bootsausflug zu den Grotten

Vom Massentourismus noch unberührt: die Gargano-Halbinsel

Peschici, Ausflüge von Peschici **Nordapulien**

von San Domino empfohlen. Die spektakulären Felsformationen und das prächtige Farbenspiel im Wasser sind nur vom Meer aus zu bewundern.

Info
Kommune auf San Nicola
- Piazza Castello | 71040 Isole Tremiti
Tel. 08 82 46 30 63
www.lecinqueisole.it
www.isoletremiti.it

Verkehr
Fährverbindungen: Im Sommer tgl. ab Rodi Garganico, Peschici, Vieste, Manfredonia; ganzjährig ab Termoli.

Peschici 3 [C2]

Strahlend weiß erheben sich die Häuser von Peschici (4575 Einw.) mit ihren grauen Kuppeln auf dem 90 m hohen Felsen über dem tiefblauen Meer. Im Sommer spielt sich das Leben in der Altstadt bis spät nachts im Freien ab. Im Westen Peschicis erstreckt sich der ! lange Sandstrand vor silbrig schimmernden Olivenhainen. Im Osten dagegen sieht man oberhalb der Sandbuchten auf einer Länge von ca. 10 km nur niedriges Buschwerk und viele junge Anpflanzungen – Folge der verheerenden Brände im Juli 2007.

Hotel
La Chiusa delle More €€€
Geschmackvoll restauriertes Landhaus des 16. Jhs., Restaurant mit apulischen Spezialitäten, im Mai und Sept. Kochkurse. Geöffnet Mai–Sept.

- Ortsteil Padula, a.d. SS 89, km 83,1
Tel. 34 70 57 72 72
www.lachiusadellemore.it

Ausflüge von Peschici

Vico del Gargano 4 [C2]

Eine kurvige Straße führt hinauf in die mittelalterlich geprägte Altstadt von Vico del Gargano, die zu Erkundungstouren einlädt. Hier oben spürt man noch etwas von der jahrhundertelangen Isolation und Armut des Städtchens, das hoch oberhalb des Meeres liegt. Interessant ist die Besichtigung der alten Ölmühle im Viertel Castello (Trappeto Maratea).

Restaurant
Cantina Il Trappeto €–€€
Man speist in einer alten Ölmühle. Zur typischen Küche des Gargano trinkt man exzellente Tropfen aus den besten Kellereien Apuliens.
- Via Casale 168 | Vico del Gargano
Mobil-Tel. 34 79 15 33 63
www.cantinailtrappeto.it

Foresta Umbra 5 ⭐ [C2]

Erholsam ist ein Ausflug hinauf in die dichte Foresta Umbra. Der einzige größere Wald Apuliens reicht hinauf bis zu Berghöhen über 800 m. Das Gebiet mit majestätischen Laubbäumen wie Buchen und Eichen, einem idyllischen See sowie Gehegen mit Hirschen und Mufflons steht seit 1991 unter Naturschutz. Die 10 500 ha kann man wunderbar auf den 15 gut ausgeschilderten Wanderwegen erkunden. Picknickplätze laden zu ruhigen Pausen unter alten Bäumen ein.

Info
Nationalpark Gargano
Palmsonntag bis Anfang Okt. tgl. 9.30 bis 19 Uhr. Kartenverkauf und Leihfahrräder im Büro der Parkverwaltung.
- Am See | an der Straße von Vieste
www.parcogargano.it

Vieste 6 [C2]

Das Zentrum des Gargano (13 900 Einw.) wartet mit einer intakten mittelalterlichen Altstadt auf. Treppauf, treppab, durch Torbogen und Gässchen bummelt man entlang den weiß getünchten Häusern, die sich unter dem mächtigen, von Friedrich II. erbauten Kastell ducken, das im Besitz der Marine ist. An ihrem barocken Campanile weithin erkennbar ist die dreischiffige **Kathedrale** (11. Jh.).

Am Ende der weit ins Meer ragenden Halbinsel schließt die aus weißem Vieste-Tuff gebaute Renaissancekirche **San Francesco** das alte Zentrum markant ab. Von hier genießt man einen herrlichen Blick auf den Sandstrand im Süden der Stadt. Unterhalb der steilen Felswand erhebt sich Viestes Wahrzeichen: der freistehende, weiß im Sonnenlicht glänzende, 27 m hohe Monolith **Pizzomunno**. Kinder werden begeistert sein vom Muschelmuseum Museo Malacologico an der Piazza Vittorio Emanuele.

Mit Feuerwerk und Prozessionen werden die Feste zu Ehren der Heiligen begangen: am 23. April für S. Giorgio mit Pferderennen am Strand; vom 8. bis 10. Mai für Sta. Maria di Merino, am 1. Samstag im September für Stella Maris mit Markt und Essensständen.

Info
IAT
- Piazza Kennedy 1 | 71019 Vieste
Tel. 08 84 70 88 06
www.viesteonline.it

Infos zu Unterkünften
- www.vieste.it
www.gargano-vacanze.com

Hotels
Pizzomunno Vieste Palace €€–€€€
Wunderschön im Pinienhain, 100 m vom Strand entfernt, liegt der weiße Komplex mit 190 komfortablen Zimmern und Poollandschaft.
- Lungomare E. Mattei | 71019 Vieste
Tel. 08 84 70 87 41
www.hotelpizzomunno.it

Seggio €€–€€€
Gepflegtes Hotel in der Altstadt ! im ehemaligen Sitz der Stadtverwaltung (17. Jh.). Eigener Strandzugang, Pool, traumhafte Aussicht.
- Via Vesta 7 | 71019 Vieste
Tel. 08 84 70 81 23
www.hotelseggio.it

Restaurants
Ristorante Enoteca Vesta €€
Kleines, gemütliches Lokal mit ! bester apulischer Hausmannskost. Mo geschl.
- Via Duomo 14 | 71019 Vieste
Tel. 08 84 70 64 11
www.enotecavesta.it

Karte S. 51

Manfredonia **Nordapulien**

Romantische Abendstimmung in Vieste

Box 19 €–€€
Direkt am Meer, gute Gemüse- und Fischküche. Mo geschl.
• Via Santa Maria di Merino 13
  71019 Vieste | Tel. 08 84 70 52 29

Shopping
Ein Genuss für Auge und Gaumen ist der **Markt** in der Via Papa Giovanni XXIII (tgl. bis abends). Souvenirs und Kunsthandwerk findet man in den Gassen Seggio und Mafrolla, z. B. original apulische *fischietti* (Pfeifchen) bei **Artigianato Pipoli** (Via Mafrolla 24).

Aktivitäten
Ob Windsurfen, Kitesurfen oder Wellenreiten: In der Bucht Santa Maria, 5 km nördl. von Vieste, trifft sich die Jugend zum Wasserspaß. Auch Kurse für Anfänger. Weitere Infos unter www.garganosurf.com.

Manfredonia 7 [C3]

Auf den ersten Blick wirkt die 57 300-Einwohner-Stadt mit ihrer hässlichen Raffinerie nicht gerade einladend. Doch ist man erst einmal bis in die gut gepflegte, rechtwinklig angelegte Altstadt vorgedrungen, entdeckt man eine liebenswürdige süditalienische Stadt voller Geschäftigkeit.

Manfred, der Sohn Friedrichs II., gründete 1256 den nach ihm benannten Ort und ließ das Kastell errichten. Es beherbergt heute das **Museo Nazionale Archeologico del Gargano**, eine einzigartige Sammlung von Grabstelen der Daunier › **S. 36** aus dem 7./6. Jh. v. Chr. Die Ritzzeichnungen auf diesen Kalkstelen zeigen bewaffnete Männer und Frauen in reich verzierten Kleidern (tgl. 8.30–19.30 Uhr).

Hotel
Gabbiano €€
Ruhiges, 2011 renoviertes Haus mit Garten und angeschlossener Pizzeria, 150 m vom Strand. 36 Zimmer.
• Viale Eunostides 20
  Siponto (2 km südl.)
  Tel. 08 84 54 25 54
  www.albergogabbiano.it

Restaurant
Coppolarossa €€
Sehr gutes Fischrestaurant mit wunderbaren Antipasti di Mare vom Büffet.
So abends, Mo geschl.
- Via Maddalena 28 | 71043 Manfredonia
  Tel. 08 84 58 25 22
  www.coppolarossa.com

Monte Sant'Angelo 8 [C2/3]

Die für den Ort (12 900 Einw.) charakteristischen weißen »Reihenhäuschen« der Altstadt begrüßen die Gäste bei der Fahrt zum 18 m hohen Normannenturm des mehrfach erweiterten **Kastells** (im Sommer tgl. 9–13, 14.30–19, Mitte Juli bis Mitte Sept. 9–20, im Winter 9–13, 14.30–18 Uhr).

Der achteckige schöne Campanile bewacht den Eingang zum **Heiligtum des Erzengels Michael,** der im Jahr 493 in einer Grotte erschienen sein soll. 89 Stufen führen hinunter in die suggestive Atmosphäre dieses Pilgerortes. Auf einer 1076 in Konstantinopel gearbeitete Bronzetür wird in 24 Szenen vom Wirken Michaels erzählt (Grotte Sommer Mo bis Sa 7.30–19.30, So–20 Uhr, April bis Juni, Okt. Mo–Sa 7.30–12.30, 14.30–19, So bis 20 Uhr, Nov.–März tgl. 7.30–12.30, 14.30–17 Uhr).

Schräg gegenüber dem Grottenheiligtum liegt einer der großartigsten romanischen Komplexe ganz Apuliens. Er besteht aus drei Teilen: Der Kuppelbau über quadratischem Grundriss wird **Tomba di Rotari** (Grab des Langobardenkönigs Rothari) genannt und war vermutlich ein Baptisterium. Er besitzt meisterhafte romanische Reliefs. Von der benachbarten, ebenfalls romanischen Kirche **San Pietro** blieb nur die Apsis erhalten. Rechts steht die freskengeschmückte Kirche **Santa Maria Maggiore.**

Ein auch für Kinder interessantes **Volkskundemuseum** ist im früheren Franziskanerkloster beheimatet (Museo Tancredi; Juni–Sept. tgl. 9 bis 13, 14.30–18 Uhr).

Info
Eco Gargano
Geführte Exkursionen in den Gargano.
Infos auch im Kastell.
- Vico Orto Cappuccini 6
  71037 Monte Sant'Angelo
  Tel. 08 84 56 54 44
  www.ecogargano.it

Hotel
Palace San Michele €€€
Elegantes Hotel in einem ehemaligen Kloster. Pool, Wellness-Angebote.
- Via Madonna degli Angeli
  71037 Monte Sant'Angelo
  Tel. 08 84 56 56 53
  www.palacehotelsanmichele.it

Restaurant
Medioevo €–€€€
In mittelalterlichem Ambiente werden typische Gerichte des Gargano serviert, z. B. geschmorte Fleischsorten; dazu gibt's hausgemachte Liköre. Im Winter Mo geschl.
- Via Castello 21
  71037 Monte Sant'Angelo
  Tel. 08 84 56 53 56
  www.ristorantemedioevo.it

San Giovanni Rotondo 9 [B3]

Wer sich für zeitgenössische Kunst interessiert oder einmal mitten in die laute, lebensfrohe süditalienische Frömmigkeit eintauchen möchte, dem sei der Abstecher in die 27 500-Einwohner-Stadt empfohlen. Fast in jedem süditalienischen Haushalt hängt ein Bild von Padre Pio, jenem 1986 verstorbenen, asketisch lebenden Mönch, der 2002 heiliggesprochen wurde. In die Krypta von **Santa Maria delle Grazie**, neben dem von Padre Pio gegründeten riesigen Hospitalkomplex, pilgern jährlich Hunderttausende, um die Gebeine des Heiligen zu verehren.

Welche Bedeutung Padre Pio auch heute noch zukommt, kann man auch am enormen Bauboom des schnell wachsenden Ortes erkennen, sowie am neuen, 2004 nur wenige Meter von der alten Kirche eingeweihten Sakralbau.

Starachitekt Renzo Piano verwirklichte hier den mit 45,80 m größten steinernen Bogen der Welt für das Holz- und Stahlgewölbe. Zeitgenössische Künstler wie Giuliano Vangi (rechte Kanzel), Arnaldo Pomodoro (Bronzekreuz über dem Altar) und Domenico Palladino (Bronzetür) wirkten an der 6500 Gläubige fassenden **Chiesa di San Pio da Pietrelcina** mit, deren Konzept eine Art offenen Raum vorsieht, der sich um den Bau herum erweitert und weitere 30 000 Personen aufnimmt.

Restaurant
Opus Wine €–€€
Enoteca mit sehr guten lokalen Wurst- und Käsesorten, auch warme apulische Spezialitäten. So geschl.
- Traversa Castellana 12
  San Giovanni Rotondo
  Tel. 08 82 45 64 13

San Severo 10 [A/B3]

Einst war die Stadt (54 300 Einw.) Hauptort des Tavoliere, heute ist sie durch den exzellenten Weißwein San Severo DOC bekannt. Das agrarisch geprägte Umland liefert die Produkte für die ausgezeichneten, auf traditionelle Gerichte spezialisierten Restaurants.

Im netten historischen Zentrum, das nach einem Erdbeben 1627 in barocker Bauweise neu entstand, lohnt die barocke Kathedrale Santa Maria Assunta einen Besuch.

Die neue Kirche in San Giovanni

Nordapulien San Severo, Lucera

Karte S. 51

Hotel
Palazzo Giancola €€
Gepflegtes Hotel mit freundlichem Personal in einem frisch restaurierten Palazzo, zentral am Bahnhof gelegen.
- Piazza Costituzione 3
  71016 San Severo | Tel. 08 82 24 05 94
  www.hotelpalazzogiancola.it

Restaurants
La Fossa del Grano €€–€€€
Köstliche Getreidegerichte, etwa *orecchiette* aus geröstetem Korn mit Ricotta-Käse. Sehr gute Antipasti-Auswahl, dazu werden hervorragende Weine kredenzt. Im Winter So abends, Mo geschl.
- Via Minuziano 63 | 71016 San Severo
  Tel. 08 82 24 11 22

La Locanda di Bacco €€
Schönes Ambiente, im alten Stadtkern von San Severo gelegen. Serviert werden delikate Gemüse- und Fleischgerichte, auch Pferdefleisch! Im Winter So abends geschl.
- Via Soccorso 142 | 71016 San Severo
  Tel. 08 82 22 61 21

Shopping
Cantina Sociale di San Severo
Ausgezeichnete San Severo Bianco DOC-, gute Rosé- und Rotweine.
- Via San Bernardino 94
  71016 San Severo | Tel. 08 82 22 11 25
  www.anticacantina.it

Cantine d'Araprì
In Apulien wird nur in San Severo Spumante produziert. Dies ist die beste Adresse für einen Einkauf.
- Via Zannotti 30 | 71016 San Severo
  Tel. 08 82 22 76 43
  www.darapri.it

Lucera 11 [A3]

Im Landwirtschaftszentrum Lucera (34 000 Einw.) genießt man vor der Mauer des **Kastells** von Karl I. von Anjou am Rand der Altstadt › **S. 59** einen überwältigenden Blick auf den Tavoliere und weit hinein in den daunischen Apennin. Friedrich II. hatte in Lucera Sarazenen aus Sizilien angesiedelt, die auch seine Leibwache stellten, und den inneren **Palast** errichten lassen.

Mitten in der Altstadt erhebt sich der von Karl II. 1300 begonnene gotische **Dom** mit einer schlichten, durch nur einen fertiggestellten Turm asymmetrischen Fassade. Der dreischiffige Innenraum ist hingegen überreich ausgestattet.

Hinter dem Dom folgt man der Via De Nicastri zum **Museo Civico Giuseppe Fiorelli,** in dem Funde aus der daunischen und römischen Zeit Luceras präsentiert werden (Di–So 10–13, Di, Do, Sa auch 16–19 Uhr, z. Zt. Eintritt frei).

Das Kastell von Lucera

SPECIAL

Friedrich II., das Kind Apuliens

Federico Secondo (1194–1250): Kaiser des Heiligen Römischen Reiches Deutscher Nation, König von Sizilien, Muslimfreund und Arabist, der auf seinen Feldzügen Harem und Raubkatzen mit sich führte und bei Dante in die Hölle verbannt wurde: Diese auch heute noch faszinierende Persönlichkeit ist nirgendwo so greifbar wie in Apulien. Zwar wurde Friedrich in Iesi (nahe Ancona) geboren, aber er liebte das Land im Süden, sodass ihn das staunende Deutschland *Puer Apuliae* (Kind von Apulien) nannte. 21-jährig wurde er in Aachen zum deutschen König gekrönt. Übrigens: Auf Italienisch schrieb er hinreißende Liebesgedichte, Deutsch sprach er allenfalls stockend.

Zu den Lieblingsbeschäftigungen Friedrichs zählte die Falkenjagd, über die er sogar eine Abhandlung schrieb. Der heute bedrohte Rötelfalke ist auch das Symbol des 2004 in den von Friedrich so geliebten Murge eingerichteten Nationalparks Alta Murgia.

Informationen rund um Friedrich II., ausführlich in Italienisch, kurz in Deutsch, bietet die Webseite www.stupormundi.it.

Buchtipp: Herbert Nette, **Friedrich II. von Hohenstaufen,** knapp gefasste rororo-Monografie (Bd. 50222, Reinbek 2003).

Nicht nur Castel del Monte

Dieses Highlight › **S. 75** wird kaum jemand auslassen. Doch der Geist Federicos ist auch an anderen Orten präsent: so z. B. in der eigenartigen Sarazenensiedlung **Lucera,** in der die islamische Leibgarde des Staufers den Thronschatz hütete. Das Castello, aus dem die Moslems 1300 vertrieben wurden, wirkt mit seinen

SPECIAL Friedrich II.

gigantischen Außenmauern und Freiflächen wie ein riesiges Zeltlager (**Fortezza Lucera,** Di–So 9.30 bis 13.30, 15–15.30 Uhr, Mo geschl., Eintritt 3 €)

Friedrich als Gewaltmensch? Das erzählen jedenfalls die Ciceroni von Gioia del Colle. Hier soll der rasend eifersüchtige Friedrich seine Geliebte Bianca Lancia während ihrer Schwangerschaft in einen Turm gesperrt haben. Bianca soll ihm den neugeborenen Sohn Manfred zusammen mit ihren abgeschnittenen Brüsten als Beweis der Treue zugesandt haben (**Castello di Gioia del Colle,** ganzjährig tgl. 8.30 bis 19.15 Uhr).

Wer sich intensiv mit Friedrich beschäftigt, wird auch seinen von Greifvögeln umschwebten Sterbeort **Castelfiorentino,** 9 km südlich von Torremaggiore (Foggia) [A3], aufsuchen. Bereits 1255 zerstörten die Anjou die staufische Stadt, heute wird hier gegraben (Castelfiorentino, frei zugänglich).

Wie sah Friedrich aus?

Rotblond, bartlos, kurzsichtig hätte er als Sklave laut einem islamischen Chronisten »keine 200 Dirhems eingebracht«. Doch Friedrich sah sich anders: Wie einen römischen Imperator zeigt ihn die Büste im **Museum von Barletta,** die als realistischstes Porträt des Kaisers gilt (Castello di Barletta, Sommer Di bis So 10–20, Winter 9–19 Uhr).

Friedrich heute

Er ist so lebendig, als wäre er nie gestorben; sein kaiserlicher Auftritt im Internet dient der umfassenden Information der Untertanen. Auch sonst ist der Staufer topaktuell: Nicht nur Wein oder Olivenöl werden gern mit dem Federico-Logo vermarktet, auch die Musikindustrie, Restaurants und Badeanstalten schreiben seinen Namen auf ihre Werbefahne. Prächtige historische Festzüge in Oria und der von ihm gegründeten Sarazenenstadt Lucera präsentieren Friedrich live!

- **Oria:** Corteo Storico di Federico II., 2. Augustwochenende.
- **Lucera:** Corteo Storico di Federico II. in der Woche vom 8.–15. Aug.; Infos unter Tel. 8 00 76 76 06
- **Lagopesole:** Notti di Federico II. Von Mitte Juli bis Anf. Sept. geben sich Theater, Musik und Kino in Lagopesole ein Stelldichein; Multi-Media-Show im Castello. Infos: Tel. 0 97 18 62 51, www.prolocolagopesole.it.

Friedrich-Darsteller zu Pferd auf einem historischen Festzug

Lucera, Foggia **Nordapulien**

Hauptstädtisch-repräsentativ: die Piazza Ugo Giordano in Foggia

Unbedingt probieren sollte man auch den lokalen Rotwein **Cacc'e mmitte** mit Noten von Gewürzen und roten Beeren – sein Name hat in etwa die Bedeutung »Kipp runter und schenk nach«.

Hotel
Le Foglie di Acanto €€
Gehobenes, sehr stilvolles B & B in einem alten Palazzo, lichte große Zimmer mit antiken Möbeln, Garten.
- Via Frattarolo 3 | 71036 Lucera
  Mobiltel. 34 03 65 29 12
  www.lefogliediacanto.it

Restaurant
Il Cortiletto €€€
Puglieser Küche in einem noblen Palazzo mit schönem Innenhof. So abends, Mo mittags geschl., unbedingt reservieren!
- Via Famiglia de Nicastri 26
  71036 Lucera | Tel. 08 81 54 25 54
  www.ristoranteilcortiletto.it

Foggia 12 [B3]

Friedrich II., der im Tavoliere seine großen landwirtschaftlichen Musterbetriebe aufbauen ließ, schätzte die Landschaft um die heutige Hauptstadt (148 600 Einw.) der Provinz Foggia angeblich besonders. Der Kaiser besaß in Foggia eine Residenz, doch blieb von dem einst so prächtigen Bau nichts außer einer Archivolte (einem Rundbogen) an der hinteren Seite des **Palazzo Arpi.**

Der Palast beherbergt das reich bestückte, neu strukturierte **Museo Civico.** Die Sammlung reicht von steinzeitlicher Keramik über Münzen Friedrichs II. bis zur Malerei des 19. Jhs. Wer die Sonnen und grotesken Masken aus den Souvenirläden kennt, sieht hier ihre Vorbilder aus dem 5. Jh. v. Chr. (Di–Sa 9–13, Di, Do auch 16 –19 Uhr). Ansonsten gibt sich die Hauptstadt der

Nordapulien — Foggia, Margherita di Savoia

Karte S. 51

gleichnamigen Provinz eher modern. Hierzu trug neben der Industrie auch ein Erdbeben bei, das die Stadt 1731 fast vollständig zerstörte.

Info
Puglia Promozione
- Via Perrone 17 | 71121 Foggia
  Tel. 08 81 72 55 36

Hotel
Del Cacciatore €€
Freundlicher Familienbetrieb in einem Palazzo des 18. Jhs. im Stadtzentrum; gutes Restaurant.
- Via Arrigotti 4 | 71121 Foggia
  Tel. 08 81 58 06 61
  www.albergodelcacciatore.it

Restaurant
Giordano da Pompeo €€
Traditionelle Küche des Tavoliere, hausgemachte Nudeln. So geschl.
- Vico al Piano 14 | 71121 Foggia
  Tel. 08 81 72 46 40
  www.trattoriagiordano.com

Margherita di Savoia 13 [C4]

Weiß leuchten die Salzberge am Meer und in über 500 Becken. Auf einer Länge von 20 km bzw. auf 4000 ha dreht sich alles nur ums Salz, und das schon seit dem 3. Jh. v. Chr. Bis 1879 hieß die Stadt (12 200 Einw.) auch einfach Saline di Barletta, dann erst bekam sie ihren heutigen Namen nach der ersten italienischen Königin. Die Saline ist eine der größten Europas, und Tausende Vögel nutzen die weiten Wasserflächen als Brut- und Durchzugsstation. Seit 1977 steht das Gebiet, das die größte Kolonie der berühmten, ganz rosafarbenen Großen Flamingos in Italien beherbergt, unter Naturschutz. Heute lebt die Stadt auch vom Thermal- und Badetourismus an ihrem flachen weiten Sandstrand.

Alles über die Salzgewinnung erfährt man im **Museo storico della Salina** im Torre delle Saline aus dem 16. Jh. (Corso Vittorio Emanuele 99, im Sommer tgl. 19–23, im Winter Mo–Fr 10–12 Uhr, www.museosalina.it; hier auch Infos zur Besichtigung der Salinen, Tel. 08 83 65 75 19, 33 86 21 63 49, Eintritt frei).

Hotels
Grand Hotel Terme €€€
Direkt am Lungomare, elegante Zimmer mit Balkon, Privatstrand mit Kinderklub. Thermalanwendungen, Beauty- und Wellnesscenter. Mai–Ende Sept.
- Piazza Libertà 1
  76016 Margherita di Savoia
  Tel. 08 83 65 68 88
  www.termemargherita.it

La Perla delle Saline €
B&B im 1. Stock eines Hauses im Norden der Stadt ganz nahe am Strand, angenehme Atmosphäre, gepflegte Zimmer, Restaurant.
- Via Armellina 16
  76016 Margherita di Savoia
  Tel. 08 83 65 10 91
  www.laperladellesaline.com

Bis heute sind nicht alle Fragen rund um das unvergleichliche Castel del Monte geklärt

MITTELAPULIEN

Kleine Inspiration

- **In das pulsierende Nachtleben** auf Baris Piazza Mercantile eintauchen › S. 68
- **Von den Panoramaterrassen** in Polignano a Mare auf die Buchten mit ihren vielen Grotten blicken › S. 77
- **Am Strand von Marina di Ostuni** die Sonne und das warme Meer genießen › S. 83
- **In Altamura einen Padre Peppe** – den berühmten Nussschnaps – trinken › S. 87

Mittelapulien Tour 3–5

Keine andere Region Italiens fasziniert durch eine derartige Dichte romanischer Kirchen, wehrhafter Kastelle, tiefer Schluchten und Höhlen wie das Land zwischen dem Kreidekalkplateau Le Murge und dem Meer.

Großartige Ausblicke reichen von den in mehreren Stufen ansteigenden karstigen Hügeln bis zur Küste mit ihren lebhaften, oft sehr stimmungsvollen Hafenstädten. Dabei überraschen selbst die heute weitgehend modern geprägten Küstenstädte Bari, Molfetta, Trani und Barletta mit ihren Stadtzentren: enge, verwinkelte Gassen, südliches Flair und schönste romanische Kathedralen. Zu den spektakulärsten Sehenswürdigkeiten zählen Castel del Monte, die größte Tropfsteinhöhle Italiens bei Castellana Grotte sowie die kleinen, runden und mörtellosen Steinhäuser, die Trulli – absolutes Highlight ist Alberobello. Die kilometerlangen Sandstrände nördlich von Brindisi bieten beste Bademöglichkeiten, etwa in Polignano, Monopoli oder Marina di Ostuni.

Touren in der Region

Romanik am Meer

Route: Bari › Molfetta › Trani › Barletta

Karte: Seite 66
Länge: 4 Tage, 60 km
Praktische Hinweise:
- Für die Besichtigung der Kirchen an geeignete Kleidung denken.
- In den Altstädten, vor allem in Bari, sollte man Wertsachen, Fotoapparate und Geld nicht offen zur Schau stellen.

Tour-Start:

Apuliens Hauptstadt **Bari 1** › S. 68 lohnt die Entdeckung (2 Tage). Wie eine arabische Kasbah präsentiert sich die verschachtelte Altstadt mit ihren weißen Häusern. Jedoch bestaunt man hier keine Moscheen, sondern ein Stauferkastell und zwei bedeutende romanische Kirchen. Den Kontrapunkt zu den verwinkelten Gassen des mittelalterlichen Zentrums setzt die moderne Neustadt. Kunstgenuss, Shopping und Nachtleben lassen sich hier bestens miteinander verbinden. Am dritten Tag geht es weiter zur größten romanischen Kuppelkirche Apuliens in **Molfetta 2** › S. 72. Tiefblau das Meer und der Himmel, leuchtend weiß der Stein: Die Königin der Kathedralen, San Nicola Pellegrino, erhebt sich in **Trani 3** › S. 72 direkt am Meer. Am Abend flaniert man am hübschen Hafenbecken mit den

Tour 4: Im Nationalpark Alta Murgia **Mittelapulien**

bunten Fischerbooten entlang, am Tag darauf bewundert man in **Barletta** 4 › S. 73 ein mächtiges Kastell, eine schon ins Gotische übergehende elegante Kathedrale und den berühmtesten Impressionisten Italiens, Giuseppe De Nittis, dem ein eigenes Museum gewidmet ist.

Im Nationalpark Alta Murgia

Route: Canosa di Puglia › Canne della Battaglia › Castel del Monte › Ruvo di Puglia › Bitonto › Altamura › Gravina in Puglia

Karte: Seite 66
Länge: 4 Tage, 130 km
Praktische Hinweise:
- Das Nationalparkzentrum bietet geführte Touren an; Informationen: Via Firenze 10, Gravina in Puglia, Tel. 08 03 26 22 68, www.parcoaltamurgia.it.
- Individuelle Auto- und Wandertouren-Vorschläge findet man auch im Internet.

Tour-Start:

Die Tour beginnt in **Canosa di Puglia** 5 › S. 74 im Nordosten des Nationalparks Alta Murgia. In der Nähe besiegte einst Hannibal die Römer in der berühmten Schlacht von **Cannae** › S. 74. Tags darauf fährt man über das freundliche Andria schnurgerade hinauf zu einem Wahrzeichen Apuliens, dem einzigartigen **Castel del Monte** 6 › S. 75.

Im kleinen **Ruvo di Puglia** 7 › S. 76 stehen die schönsten attischen Vasen der Region im feinen Museo Jatta. Weite Olivenplantagen und Weinreben prägen das Landschaftsbild. Ein herrliches Portal ziert die romanische Kathedrale von **Bitonto** 8 › S. 76, von wo auch das beste Olivenöl Apuliens, das *Cima di Bitonto*, stammt. Am nächsten Tag kann man zum Öl das passende, nur auf der höchsten Stufe der Murgia, in **Altamura** 26 › S. 87, gebackene gelbliche Brot Pane di Altamura erstehen. Kulinarische Spezialitäten, ein peuketischer Krieger und natürlich eine romanische Kathedrale mit wunderbar gemeißeltem Portal warten in der durch viele Innenhöfe charakterisierten Altstadt. Kahle Hügelkuppen, offenes Weideland – fast steppenartig zeigt sich am letzten Tag die Murgia, nur unterbrochen von kleinen Eichenwäldern. Renaissancedom und byzantinische Fresken, eine der spektakulärsten Schluchten Apuliens und eine exzellente Osteria: Auch **Gravina in Puglia** 25 › S. 86 lohnt die Anfahrt.

Ins Tal der weißen Trulli

Route: Polignano a Mare › Monopoli › Egnazia › Marina di Ostuni › Castellana Grotte › Alberobello › Locorotondo › Martina Franca › Cisternino › Ostuni › Brindisi

Karte: Seite 66
Länge: 6 Tage, 170 km

65

Mittelapulien Tour 5: Ins Tal der weißen Trulli

Karte
S. 66

Praktische Hinweise:
- Wer im Trullo oder in einer Masseria übernachten möchte, sollte im Sommer rechtzeitig buchen.
- Rechnen Sie mit Wartezeiten an der Grotte di Castellana. Pullover oder Jacke nicht vergessen, in der Grotte herrschen konstant 16 °C!

Tour-Start:
Wunderbar klares Wasser, winzige Felsbuchten, kilometerlange Sandstrände: Die Küste zwischen Polignano a Mare und Brindisi lädt zum Baden ein. Deshalb ruhig drei Tage für die Küste einplanen. In **Polignano a Mare** 9 › S. 77 zischt die Gischt an Sturmtagen bis hoch zu den Panoramaterrassen der Altstadt, in **Monopoli** 10 › S. 77 schaukeln die Fischerboote sanft im kleinen Hafen, in **Egnazia** 12 › S. 79 liegen die antiken Ausgrabungen schon fast in der Adria. **Marina di Ostuni** 16 › S. 83, das sind 17 km Strand, auch mit kleinen, von Felsen umgebenen

Tour 3–5 **Mittelapulien**

Touren in Mittelapulien

Tour ❸
Romanik am Meer

Bari › Molfetta › Trani › Barletta

Tour ❹
Kultur und Natur im Nationalpark Alta Murgia

Canosa di Puglia › Canne della Battaglia › Castel del Monte › Ruvo di Puglia › Bitonto › Altamura › Gravina in Puglia

Tour ❺
Ins Tal der weißen Trulli

Polignano a Mare › Monopoli › Egnazia › Marina di Ostuni › Castellana Grotte › Alberobello › Locorotondo › Martina Franca › Cisternino › Ostuni › Brindisi

Mittelapulien Tour 5: Ins Tal der weißen Trulli

Sandbuchten, Dünen, Kieselsteinchen, davor das blaue Meer, dahinter eine duftende Macchia. Das Hinterland lockt mit seinen Olivenbäumen und Trulli, den einsamen Masserie und den netten Städtchen. Tag 4 gehört der größten Karsthöhle Italiens, den **Grotte di Castellana** 11 › S. 78 sowie **Alberobello** 13 › S. 79 mit seinen berühmten Trulli. Am fünften Tag locken der exzellente Weißwein und die grandiose Aussicht nach **Locorotondo** 14 › S. 81. Barock in Weiß charakterisiert das schicke **Martina Franca** 15 › S. 82, in dem im Juli das Festival della Valle d'Itria zum Opernabend einlädt. Ganz in Weiß gibt sich die griechisch anmutende enge Altstadt von **Cisternino** 18 › S. 84, und ebenfalls weiß leuchten die Häuser am Hügel in **Ostuni** 17 › S. 83: Ein wenig griechisches Flair, schließlich fahren seit römischer Zeit die meisten Schiffe von **Brindisi** 19 › S. 84 in Richtung Hellas.

Verkehrsmittel

Um die Küstenstädte zu besuchen, ist die Bahn ein ideales, preiswertes Verkehrsmittel. Nähere Infos unter www.fsitaliane.it, www.ferrovienordbarese.it und www.fseonline.it. Für alle, die auch das Hinterland besichtigen möchten, ist ein Auto empfehlenswert. Zwar erreicht man auch mit dem Linienbus alle Ortschaften, doch gestaltet sich die Reise so natürlich wesentlich umständlicher. Nähere Infos dazu unter www.oraribus.com/orari-autobus/puglia.

Unterwegs in Mittelapulien

Bari 1 [D4]

Verwinkelte Gassen, weiße Mauern, überragt von den eindrucksvollen romanischen Kirchen San Nicola und San Sabino, elegante Fußgängerzonen, breite Boulevards: Beides ist Bari, das aus einer malerischen mittelalterlichen Altstadt und der modernen Neustadt besteht. Apuliens Hauptstadt (323 000 Einw.) ist berühmt-berüchtigt für ihr Verkehrschaos und eine hohe Kriminalitätsrate.

Altstadt 2

Der elegante Boulevard Corso Vittorio Emanuele II. trennt die Neustadt von den Gässchen der Altstadt. Den krönenden Abschluss der Prachtstraße zum Meer hin bildet das **Teatro Margherita** A [b2], 1914 als Varietétheater eingeweiht. **50 Dinge** ㉓ › S. 15. Dahinter öffnet sich das stimmungsvolle Rund des **Alten Hafens.** Wenige Schritte führen in die Altstadt zur **Piazza Mercantile,** wo sich einst die führenden Schichten Baris im prächtigen **Sedile dei Nobili** trafen. Heute sind hier am Abend die Restaurants und Bars gut besucht.

Basilica San Nicola B [b1]

Entlang der mittelalterlichen Stadtmauer kommt man zum bedeutendsten Monument Baris, dem

Prototyp der romanischen Kirchen in Apulien. Der Bau wurde 1087 begonnen, um die Reliquien des hl. Nikolaus aufzunehmen. Seeleute aus Bari hatten diese 1087 bei einer Handelsfahrt nach Kleinasien, »von Gott inspiriert«, der türkischen Mittelmeerstadt Myra geraubt. Die sterblichen Überreste des im Orient wie im Abendland verehrten Heiligen versprachen der Stadt ein ungeheures Prestige. Der einsetzende Pilgerstrom war für Bari äußerst profitabel. Noch heute wird zweimal jährlich sehr aufwendig das Nikolausfest begangen › **S. 42/43**.

Hoch aufragend präsentiert sich die Kirchenfassade, die zwei auf Säulen aufsetzende Lisenen gliedern. Besonders das **Mittelportal** besitzt ein reiches Baudekor. Die Vielfalt der Verzierungen an den Westportalen und den Eingängen auf beiden Seiten des Langhauses bezeugt byzantinische, islamische und antike Einflüsse. Besonders schön ist die **Porta dei Leoni.**

Mit der **Ostfassade** wurde erstmals eine Schaufassade zum Meer hin errichtet: Das prächtig gerahmte Mittelfenster von San Nicola musste für die per Schiff anreisenden Pilger wie ein verheißungsvolles Portal wirken.

Der dreischiffige Innenraum verlor durch die nach einem Erdbeben 1456 eingezogenen Stützbogen seine ursprüngliche Gestalt. Im Altarbereich steht hinter dem orientalisch anmutenden ältesten **Ziborium** dieser Art in Apulien (um 1150) der **Bischofsstuhl des Elias.** Man sollte noch einen Blick in die 1089 fertig-

Ziborium in der Basilica San Nicola

gestellte neunschiffige **Krypta** werfen, allein wegen der 28 Säulen aus verschiedenen Steinarten.

Kathedrale San Sabino [b1/2]

1166 begannen die Bareser mit dem Neubau der Kathedrale auf den Resten ihrer byzantinischen Vorgängerin nach dem Vorbild von San Nicola. So verstecken sich auch die Chorapsiden von San Sabino hinter einem geraden Abschluss und machen die **Ostseite** zu einer prachtvollen Schaufront. Ihr Mittelfenster übertrifft das Modell sogar noch: Bogen und Gesimse sind mit Naturmotiven reich verziert, mit seinen klassisch schönen Elefanten und Sphingen ist es eines der Hauptwerke der romanischen Skulptur des 12. Jhs. Eine echte Innovation waren damals die großartigen Fensterrosen des Querhauses und v. a. die Westfassade mit ihren Skulpturen.

Das Mittelschiff ragt hoch auf, seine dreigeschossige Wand ruht auf Rundbogenarkaden mit schlanken Säulen. **Kanzel** und **Ziborium** wurden erst Mitte des 20. Jhs. aus mittelalterlichen Originalteilen wieder zusammengesetzt. Rechts von der Kathedrale zeigt in der Via Dottula das **Museo Diocesano** u. a. die außergewöhnlichen Exultet-Rollen aus dem 11. Jh. (Mo, Do, Sa 10–13, Sa auch 17–20, So 10–14 Uhr, Infos unter Tel. 08 05 21 00 64; Spende erwünscht).

Castello Svevo D [a1/2]
Die mächtigen Eckbastionen des imposanten Kastells entstanden zu Beginn des 16. Jhs., um die Residenz der Isabella von Aragon besser zu schützen. Den inneren trapezförmigen Bau mit den hohen Wehrtürmen hatte Friedrich II. schon 1233 als Erweiterung eines normannischen Vorgängerbaus errichten lassen. Unter der Freitreppe des Innenhofes liegt der Zugang zur sehenswerten **Gipsoteca Provinciale** mit Gipsabgüssen von Skulpturen, die wegen ihrer hohen Position am Bau sonst nur aus der Ferne zu betrachten sind (Castello und Gipsoteca Do–Di 8.30–19 Uhr).

Neustadt
In der rechtwinklig angelegten Neustadt stechen seit der Mussolinizeit einige Monumentalbauten ins Auge. Das 1903 eingeweihte **Teatro Petruzzelli** E [b2], Italiens viertgrößtes Opernhaus und der Stolz Baris, wurde 1991 Opfer von Brandstiftern. Bis 2009 dauerte der Wiederaufbau.

Die **Pinacoteca Provinciale** F [c3] im Palazzo della Provincia südlich des alten Hafens ist die umfangreichste Gemäldesammlung der Region und bezeugt u. a. mit Arbeiten Tintorettos und Veroneses sowie der Familie Vivarini die engen Verbindungen zwischen Apulien und Venedig (Di–Sa 9–19, So 9–13 Uhr).

Ein Stück weiter westlich, rund um die **Via Sparano** liegt die Fußgängerzone mit eleganten Geschäften und Cafés. Für eine angenehme Pause eignet sich die elegante alte Bar **Stoppani** (Via Roberto da Bari 79). Einladend wirkt die Piazza Umberto I. mit ihren gepflegten Anlagen. Der imposante Palazzo Ateneo beherbergt die **Universität** G [a/b3].

Zwei moderne Bauten außerhalb der Stadt lohnen einen Besuch. Direkt am Meer Richtung Giovinazzo bietet das Messegelände **Fiera del Levante** H aus den 1930er-Jahren ein wildes Stilgemisch aus orientalischem Serail und Romanik.

An der SS 271 Richtung Bitritto erinnert das **Stadion San Nicola** I, das Stararchitekt Renzo Piano für die Fußball-WM 1990 entwarf, an ein riesiges Raumschiff.

Info
Puglia Promozione
- Piazza Aldo Moro 32/A
  70122 Bari | Tel. 08 05 24 23 61
  www.viaggiareinpuglia.it
  www.infopointbari.com

Hotels
Grand Hotel Leon d'Oro €€€
Gepflegtes Hotel mit Restaurant beim Bahnhof; 77 modernisierte Zimmer und

Karte S. 71

Bari **Mittelapulien**

7 Suiten, alle mit Hydromassagebad und Klimaanlage.
- Piazza A. Moro 4 | 70122 Bari
  Tel. 08 05 23 50 40
  www.grandhotelleondoro.it

Giulia €€
Sehr freundlich geführtes Hotel, bei schönem Wetter Frühstück auf der hübschen Terrasse, nahe der Uni.
- Via Scipione Crisanzio 12
  70122 Bari
  Tel. 08 05 21 66 30
  www.hotelpensionegiulia.it

Restaurants
La Locanda di Federico €€–€€€
Rustikales Ambiente, Puglieser Küche, im Sommer auf der belebten Piazza.
- Piazza Mercantile 63 | 70122 Bari
  Tel. 08 05 22 77 05
  www.lalocandadifederico.com

Osteria delle Travi €–€€
Familienbetrieb mit typischer Bareser Küche: *orecchiette* und Fisch. Unbedingt reservieren! So abends und Mo geschl.
- Largo Ignazio Chiurlia 12 | 70122 Bari
  Tel. 03 30 84 04 38

- **A** Teatro Margherita
- **B** Basilica San Nicola
- **C** Kathedrale San Sabino
- **D** Castello Svevo
- **E** Teatro Petruzzelli
- **F** Pinacoteca Provinciale
- **G** Universität
- **H** Fiera del Levante
- **I** Stadion San Nicola

Mittelapulien Molfetta, Trani

Molfetta 2 [D4]

Auch Molfetta (60 400 Einw.) besitzt einen schönen Hafen. Sein Bild prägt die alte **Kathedrale San Corrado** ⭐. Der nach 1150 begonnene Bau ist die größte romanische Kuppelkirche Apuliens. Der Raumeindruck ist überwältigend, mächtige Pfeiler mit Halbsäulen unterteilen das Rechteck in drei Schiffe.

Hinter San Corrado beginnt die pittoreske, teilweise verfallene Altstadt. An bessere Zeiten erinnert das Hospital (11. Jh.) für Pilger und Kreuzfahrer neben dem klassizistischen Santuario della Madonna dei Martiri (1 km nördlich am Meer).

Hotel
Garden €€
Modernes Haus mit 60 Zimmern, schöner Garten, Restaurant.
- Via Provinciale per Terlizzi
  70056 Molfetta | Tel. 08 03 34 17 22
  www.gardenhotelmolfetta.it

Restaurant
Bufi €€€
Vorzügliche Antipasti, ausgesuchte Weine. So abends und Mo geschl.
- Via Vittorio Emanuele II 15–17
  70056 Molfetta | Tel. 08 03 97 15 97

Trani 3 [C/D4]

Vor dem tiefblauen Meer erhebt sich die Königin der Kathedralen, die aus weißem Stein erbaute **San Nicola Pellegrino**, die an keinem erhabeneren Ort stehen könnte. Doch nachdem die alte Rivalin Bari im Jahr 1087 die Reliquien des hl. Nikolaus geraubt hatte, stand Trani (55 700 Einw.) plötzlich ohne Heiligen da! Da starb sieben Jahre später auf den Stufen der alten Kathedrale ein etwas wirrer griechischer Pilger (ital. *pellegrino*), dem man immerhin einige Wunder nachsagte und der auch noch Nikolaus hieß. Kurzerhand wurde er heiliggesprochen, und der Grundstein für den Neubau – und das Pilgergeschäft – war gelegt. Eine offener Bogengang verbindet den schlanken Campanile mit der Kirchenfassade, das Mittelportal verschließt eine erstmals in Relieftechnik von Barisanus von Trani 1179 gearbeitete Bronzetür. An der rechten Seitenfassade befindet sich der Eingang zur dreischiffigen Unterkirche. Mit den 28 dicht gestellten Säulen erinnert die Hallenkrypta an eine Moschee. Die Oberkirche besticht durch ihre romanische Schlichtheit.

Friedrich II. errichtete das viereckige **Kastell**. Die drei mächtigen Türme und die zum Meer gerichtete Fassade konnten ihr strenges staufisches Aussehen bewahren (Kasse tgl. 8.30–19 Uhr). Ein Spaziergang führt zum **Hafen** und zum gepflegten Stadtpark. Von der kleinen Befestigungsanlage **Fortino di Sant'Antonio** hat man einen schönen Blick.

Hotel
Maré Resort €€–€€€
Elegantes Hotel in einem Palazzo aus dem 17. Jh. mit Traumblick auf die Kathedrale.
- Piazza Quercia 8 | 76125 Trani
  Tel. 08 83 48 64 11
  www.mareresort.it

Karte S. 66

Barletta **Mittelapulien**

Restaurant
Pulcinella €
Eine der besten Pizzerien der ganzen Region, Lieblingsort der Einheimischen. Nur abends; Di, Okt–März auch Mo geschl.
- SS Adriatica 16, km 67 | 76125 Trani
  Tel. 08 83 40 06 48
  www.pulcinellatrani.it

Barletta 4 [C4]

Die lebhafte Industrie- und Handelsstadt (95 000 Einw.) zählt heute zu den dynamischsten Zentren Apuliens. Am Meer liegt das weiße, abweisend wirkende **Kastell**, in dem eine der berühmtesten Skulpturen Apuliens zu sehen ist: Die **Büste Kaiser Friedrichs II.** ⭐ zeigt den Kaiser als römischen Imperator.

Ein Rundgang auf den Bastionen lohnt sich allein schon wegen des einmaligen Blicks auf die in der Altstadt gelegene und nach langer Restaurierung neu erstrahlende **Kathedrale Santa Maria Maggiore** (1140). Westlich des Doms eröffnete 2007 im Palazzo della Marra (Via Cialdini) das **Museo Giuseppe De Nittis,** das dem aus Barletta stammenden impressionistischen Maler (1846–1884) gewidmet ist. De Nittis erhielt wichtige Anstöße von seinem Pariser Freundeskreis um Manet und Degas (Kasse Sommerzeit Di bis So 10–19.15, sonst 9–18.15 Uhr).

Barlettas Wahrzeichen ist der über 5 m hohe bronzene **Koloss** am Corso Garibaldi. Die Monumentalstatue ist eine der besten Großbronzen der Spätantike, erkennbar an den realistischen Gesichtszügen des Kaisers, wahrscheinlich Valentinian I.

Der imposante Koloss von Barletta soll Kaiser Valentinian darstellen

Info
IAT
- Corso Garibaldi 204/206
  76121 Barletta | Tel. 08 83 33 13 31
  www.viaggiareinpuglia.it

Hotel
Dei Cavalieri €–€€€
Eleganter, funktionaler Neubau nördlich der Stadt mit 49 Zimmern, Tennisplatz und Tiefgarage. Gratis Shuttlebus ins Zentrum.
- Via Foggia 40 | 76121 Barletta
  Tel. 08 83 57 14 61
  www.hoteldeicavalieri.net

Restaurant
Antica Cucina €€€
Gehobene Landhaus-Atmosphäre, hervorragende Meeresküche. Mo und So abends geschl.
- Piazza Marina 4/5 | 76121 Barletta
  Tel. 08 83 52 17 18
  www.anticacucina1983.it

Mittelapulien Canosa di Puglia

Der Bischofsthron im Dom von Canosa, ein Meisterwerk der apulischen Romanik

Canosa di Puglia 5 [C4]

Auf den griechischen Helden Diomedes geht der Sage nach die Gründung der Stadt (30 500 Einw.) zurück. Bereits 343 ist sie als ältester Bischofssitz Apuliens erwähnt. Die Überreste der **Basilica San Leucio** (6. Jh.) bezeugen noch die Großartigkeit der riesigen ehemaligen Kathedrale.

Die Bischofskirche **San Sabino** aus der Normannenzeit verbirgt sich hinter einer Allerweltsfassade des 19. Jhs. Hat man die ersten drei, später hinzugefügten Joche durchschritten, bietet sich aber ein überwältigender, lichter Raumeindruck des ursprünglichen Baus aus dem 11. Jh. Fünf große Kuppeln scheinen förmlich über den quadratischen Jochen zu schweben. Dieser Effekt wird durch das direkte Ansetzen der Gewölbe auf den vor der Wand stehenden antiken Säulen erreicht – ein Unikum in Apulien. Fast schon klassisch schön wirkt in dieser Umgebung die Kanzel des Acceptus › S. 40, eine der bedeutendsten Skulpturen des 11. Jhs. in Italien. Von gleicher Qualität und Schönheit präsentiert sich der auf Elefanten ruhende Bischofsthron in der Apsis. Durch die rechte Seitentür gelangt man hinaus zum Grabmonument Bohemunds von Tarent (gest. 1111) mit einer achteckigen orientalischen Kuppel und fein gearbeiteter Bronzetür.

SEITENBLICK

Schlacht von Cannae

Das Grabungsgelände **Canne della Battaglia [C4]** verdankt seinen Namen der Schlacht *(battaglia)* von Cannae 216 v. Chr., bei der Hannibal trotz zahlenmäßiger Unterlegenheit der Karthager den Römern eine ihrer schwersten Niederlagen beibrachte. Die strategisch günstige Position auf einer der letzten Erhebungen der Murge über der Ebene des Ofanto veranlasste bereits Menschen der Steinzeit, hier zu siedeln. Vom Hügel genießt man hinter dem Antiquarium mit den Resten der Zitadelle eine herrliche Aussicht (ca. 19 km nördl. von Canosa di Puglia, Mo 8.30 bis 13.30 Uhr, sonst bis 1 Std. vor Sonnenuntergang).

Karte S. 66

Castel del Monte **Mittelapulien**

Das **Museo Civico,** aufgeteilt im Palazzo Sinesi (Di–So 9–13, Di, Fr auch 17–20 Uhr) und im Palazzo Iliceto (beide Eintritt frei), zeigt die herrlichen Canosinischen Vasen (Infos: www.iatcanosa.it).

Hotel
Hotel del Centro €€
Angenehm-nostalgisches Ambiente aus der Zeit um 1900; mit Restaurant und Garage.
- Corso San Sabino 92
  76012 Canosa di Puglia
  Tel. 08 83 61 24 24
  www.hoteldelcentrocanosa.it

Restaurant
Locanda di Nunno €€–€€€
Sehr interessante Fischküche mit viel Gemüse, z. B. Garnelen mit frittiertem Gemüse, aber auch Pferdefleisch.
So abends, Mo geschl.
- Via Balilla 2 | 76012 Canosa di Puglia
  Tel. 08 83 61 50 96

Castel del Monte 6 ⭐ [C5]

Der berühmteste Stauferbau Italiens zählt zu den bedeutendsten Sehenswürdigkeiten der Region. Achteckig sind der Grundriss des Castello, die acht Türme und der Innenhof, und jeweils acht trapezförmige Räume liegen auf einem Stockwerk. Ob Friedrich II. die Pfalzkapelle in Aachen oder den Felsendom in Jerusalem vor Augen hatte, ist nicht bekannt. Das Kastell wirkt wie ein in sich geschlossener vollkommener Kristall. Auf Fernwirkung angelegt, scheint es die stete Präsenz des Kaisers in seinem Land zu symbolisieren. Das Eingangsportal repräsentiert bereits Friedrichs geistigen Horizont: Pilaster, Architrav und Giebel entstammen der Antike, die Kapitele der zeitgenössischen Zisterziensergotik, die Einfassung oben und die prunkvolle Ausführung dem Islam. In den Innenräumen bewundert man neben der gelungenen Bauskulptur auch Kamine, Wasserleitungen und Toiletten, mehr blieb von der Ausstattung nicht erhalten.

Der Kaiser hielt sich mehrmals zu kurzen Jagdausflügen hier auf, Karl I. von Anjou verwandelte das heitere Schloss in ein trauriges Gefängnis für die Kinder seines staufischen Gegners Manfred (Kasse März–Sept. tgl. 10.15–19.45, Okt. bis Feb. 9–18.30 Uhr; Infos unter Tel. 08 83 56 99 97, www.pugliaimperiale.com).

Hotel
L'Ottagono €€–€€€
Innen elegant und komfortabel; mit großem Garten und kleinem See.
- Via Barletta 218 | 76123 Andria
  Tel. 08 83 55 78 88
  www.hotelottagono.it

Restaurants
Antichi sapori €–€€
Im Ortsteil Montegrosso genießt man das Beste, was Apuliens bäuerliche Küche zu bieten hat. Sa abends und So geschl.
- Piazza San Isidoro 10 | 76123 Andria
  Tel. 08 83 56 95 29
  http://antichisapori.pietrozito.it

Mittelapulien — Ruvo di Puglia, Bitonto

Bella Napoli €
Landestypische Trattoria, die sehr guten Frischkäse auftischt. Fr Ruhetag.
- Corso Cavour 25 | 76123 Andria
  Tel. 08 83 59 95 25

Shopping
Rivera
Direktverkauf von einem der besten Winzer des roten DOC, wie den *Puer Apuliae,* der aus der Traube Nero di Troia gewonnen wird.
- S.P. 231, km 60,5 (zwischen Canosa und Andria) | 76123 Andria
  Tel. 08 83 56 95 10 | www.rivera.it

Ruvo di Puglia 7 [D4]

Inmitten weiter Olivenhaine, in denen sich kleine Trulli verstecken, liegt Ruvo di Puglia (25 600 Einw.).

Das **Museo Nazionale Jatta** im gleichnamigen Palazzo ist ein archäologisches Schatzkästchen. Die größte Sammlung attisch-rotfiguriger Vasen in Apulien zeigt die engen Kontakte des peuketischen Ruvo zu Griechenland im 5. und 4. Jh. v. Chr. (tgl. 8.30–13.30, Fr, Sa auch 13.30 bis 19.30 Uhr; ❗ Eintritt frei).

Die **Kathedrale** von Ruvo zeigt die apulische Romanik auf ihrem Höhepunkt.

Restaurant
U.P.E.P.I.D.D.E. €€–€€€
Das »exklusive Plätzchen für Anspruchsvolle« serviert regionale Küche und traumhafte Antipasti in urigem Ambiente. Mo Ruhetag.
- Vico Sant'Agnese 2
  70037 Ruvo di Puglia
  Tel. 08 03 61 38 79 | www.upepidde.it

Shopping
Caseificio Montrone
Hier finden Sie all die wunderbaren apulischen Käsespezialitäten. Mo–Sa 8–14, Sa auch 17–21 Uhr.
- Via Puccini 61 | Andria
  www.montrone.net

Bitonto 8 [D4]

Ausgedehnte Olivenhaine umgeben das prosperierende Agrarstädtchen (56 000 Einw.) auf der niedrigsten Stufe der Murge. Das von hier stammende *Cima di Bitonto extra vergine* zählt zu den besten Olivenölen Italiens. Reiche Einkünfte aus der Landwirtschaft bescherten der Stadt einen rasanten Aufstieg in der frühen Neuzeit, der sich in prächtigen Renaisancepalästen wie dem **Palazzo Sylos-Calò** (Sitz der Nationalgalerie für Moderne und Zeitgenössische Kunst, 9.30–19.15 Uhr, Mi geschl.) widerspiegelt.

Man betritt die hübsche Altstadt an der Porta Baresana. Die nahegelegene **Kathedrale San Valentino** ist ein formvollendeter Bau der apulischen Romanik. Die Gliederung der hohen Fassade lässt bereits den dreischiffigen Innenraum vermuten. Den Mittelteil zieren eine prächtige Rosette, zwei Biforien und das wohl schönste Portal Apuliens, von antiken Säulen gerahmt.

Hotel
Masseria San Marco €€–€€€
Reizvolles altes Gehöft aus Stein mit wenigen, aber sehr geschmackvoll eingerichteten Zimmern, gepflegter Garten, Pool.

Karte S. 66

Polignano a Mare, Monopoli **Mittelapulien**

Gelassenheit bestimmt oft noch das Alltagsgeschehen in Bitonto

- Via Patierno | Contrada San Marco
  70032 Bitonto | Tel. 08 03 74 03 36
  www.masseriasanmarco.com

Shopping
Oleificio cooperativo
Cima di Bitonto
Direktverkauf des exzellenten Olivenöls, auch in Bio-Qualität.
- Via Modugno | 70032 Bitonto
  Tel. 08 03 75 17 03
  www.oleificiocimadibitonto.it

Polignano a Mare 9 ⭐ [E5]

Seine weißen Häuser auf dem steil abfallenden Felsvorsprung scheinen fast ins Meer zu stürzen. Spektakulär ragt die anmutige **Altstadt** in die blaue Adria hinaus. Die besten Fotos schießt man von der Brücke über die Lama Monachile. Durch die Porta del Borgo Antico – einziger Zugang bis ins 18. Jh. – erreicht man die zentrale Piazza Vittorio Emanuele mit der Kirche Santa Maria Assunta.

Durch die Altstadt gelangt man zu den **Panoramaterrassen** am Meer. Unerwartet öffnet sich die Sicht auf kleine Buchten mit unzähligen Grotten. Die spektakulärste, die **Grotta Palazzese,** besichtigt man vom Restaurant des gleichnamigen Hotels aus (nur Hotel- bzw. Restaurantgästen erlaubt).

Hotel
Grotta Palazzese €€€
Sehr schöner moderner Bau mit eleganten Zimmern, teils mit Balkon und Meerblick. Der Speisesaal liegt im vorderen Teil der Grotta Palazzese (nur im Sommer). Überaus stimmungsvoll: das Abendessen in der Grotte.
- Via Narciso 59
  70044 Polignano a Mare
  Tel. 08 04 24 06 77
  www.grottapalazzese.it

Monopoli 10 [E5]

Kleine Felsbuchten, dazwischen kurze Sandstrände, findet man rund um Monopoli (49 300 Einw.). Im großen Hafen hat die Fangflotte festgemacht, umgeben von Booten. Das mächtige **Kastell** sicherte einst den Altstadtzugang.

Man tritt durch einen Bogen auf die hübsche Piazza Garibaldi und folgt der Via Amalfitana zur stimmungsvollen romanischen Kirche **Santa Maria degli Amalfitani**. In der Altstadt erhebt sich die festliche Renaissancekirche **San Domenico**. Barock ist die üppig mit Marmor ausgestattete **Kathedrale** (18. Jh.).

Südlich von Monopoli zieht es Menschen in Scharen nicht nur tagsüber an die felsige Küste mit den kleinen Sandbuchten, sondern auch nachts zu den coolen Beachpartys rund um den Strandort **Il Capitolo**.

Hotel

Melograno €€€
Luxushotel in einer stimmungsvollen Masseria des 17. Jhs. mit antiken Möbeln. Pool, Wellnessangebote.
- Contrada Torricella 345
  70043 Monopli
  Tel. 08 06 90 90 30
  www.melograno.com

Restaurants

Osteria Perricci €–€€
Einfache, rustikale Osteria mit guter Fischküche. Mi geschl.
- Via Orazio Comes 1
  70043 Monopli
  Tel. 08 09 37 22 08

Caffè Roma 1
Hervorragendes Eis und leckere Gebäckteilchen seit 150 Jahren.
- Largo Vescovado 1
  70043 Monopli
  www.cafferoma1monopoli.it

Grotte di Castellana

  [E5]

Italiens größte Karsthöhle wurde 1938 südöstlich von Bari nahe dem Ort **Castellana Grotte** entdeckt.

Die Besichtigung beginnt in der **Grave**, wie die gigantische Eingangshalle genannt wird. Durch hohe Säle und enge Gänge gelangt man schließlich zur einmaligen **Grotta bianca**. Ihr kristallines Weiß ist von atemberaubender Schönheit. Die effektvoll ausgeleuchteten Stalagmiten und Stalaktiten wachsen in 50 Jahren um 1 cm. Gleich bei Castellana liegt der **Dinosaurier-Park** › S. 27.

Info

Kurzer Weg: 1 km, ca. 1 Std., Führungen Ende März–Sept. 9.30, 10.30, 13, 14.30, 15.30, Juni–Sept. auch 18.30, Aug. 12.30 statt 13 Uhr, auch 16.30 (auf Deutsch 9.30 und 14.30 Uhr); Okt.–Anf. Nov. 14.30, 15.30 Uhr. **Langer Weg**: 3 km, ca. 2 Std., Führungen März 10, 11, 12 Uhr, Ende März–Sept. 9–12, 15–18 stündl., Aug. bis 20 Uhr (auf Deutsch 11 und 16 Uhr); Okt. bis 16 Uhr
- Tel. 08 04 99 82 21
  www.grottedicastellana.it

Hotel

Az. Agrituristica Serragambetta €€
Ländliche Villa des 19. Jhs. mit Apartments und der im italienischen Fernsehen berühmt gewordenen Naturküche von Zia Nina.
- Via per Conversano 204
  70013 Castellana Grotte
  Tel. 08 04 96 21 81
  www.serragambetta.it

Egnazia, Alberobello **Mittelapulien**

Egnazia 12 [E5]

11 km südlich erstreckt sich das weitläufige Grabungsgelände von Egnazia direkt am Meer. So lässt sich Kulturgenuss ideal mit einem Sprung ins türkis schimmernde Wasser verbinden. Die Spuren der Besiedlung reichen hier von der Bronzezeit bis ins Mittelalter. Rechts von der Hauptstraße gehen die Blöcke der messapischen Mauer bis ans Wasser. Links der Straße sind die Reste der römischen Basilika, des Amphitheaters und des gepflasterten Forums zu erkennen. Schwere Karren drückten tiefe Spuren in die Pflastersteine der Via Traiana.

Sehenswert ist auch das **Museo Archeologico** mit einer gelungenen frühapulischen Abteilung. Kostbarster Schatz sind die römischen Mosaike mit Tierfiguren und verspielten Ornamenten (Museum tgl. 8.30–19.30, letzter Einlass 18 Uhr, Ausgrabungen bis 1 Std. vor Sonnenuntergang, max. bis 19.15 Uhr).

Alberobello 13 [E5/6]

Inmitten einer gepflegten alten Kulturlandschaft, die schon im Februar mit ihren blühenden Mandelbäumen Reisende bezaubert, liegt Alberobello (10 900 Einw.). Die »Hauptstadt der Trulli« ist der bekannteste Ort des Itria-Tals. Zu Recht, denn das Ortsbild ist wirklich einzigartig.

Wie aus dem Märchenbuch wirkt der Stadtteil Monti, wo ganze Straßenzüge aus **Trulli** › **S. 80** bestehen, auch wenn Trullo oft gleichbedeutend mit Laden zu sein scheint und es Nudeltrulli, Keramiktrulli und siamesische Trulli gibt.

Alberobello: Ein bewohnter Märchenpark und seit 1996 auch UNESCO-Weltkulturerbe

Mittelapulien Alberobello

Ein Spaziergang führt die Gässchen hinauf zur Kirche **Sant'Antonio** – auch sie in Form eines Trullo. Ein 21 m hohes, unechtes Gewölbe aus aufgeschichteten, zusammengeschobenen Steinplatten überragt den mörtellosen Bau.

Etwas weniger touristisch gibt sich das kaum minder reizvolle Viertel **Aia Piccola** auf der anderen Seite des Largo Martellotta. Am Ende der Oberstadt dokumentiert das **Museo del Territorio** das bäuerliche Leben in den gut vor der Sonne abgeschirmten Trulli in vortouristischen Zeiten (Piazza XXVII Maggio; Mitte Juli–Mitte Sept. tgl. 10 bis 20, sonst nur Di–So 10–13, 15.30 bis 19 Uhr, 7. Jan.–Mitte Febr. geschl.).

Musik, Tänze, Trachten, Kochkünste und Handwerk der Trulli-Bewohner liefern heute den Hintergrund für bunte traditionelle Volksfeste in Alberobello. So begeht man hier das **Festival Folklorico** am 1. bzw. 2. Augustwochenende, die **Festa dei Santi Cosma e Damiano**, rund um den 26. September, mit Prozessionen, Lichterfest und Musik oder die **Festa della Birra** (September) mit Bier und gastronomischen Ständen.

Info
IAT
- Via Monte Nero 3 | 70011 Alberobello Tel. 08 04 32 20 60
www.alberobello.net
www.prolocoalberobello.it

SEITENBLICK

Trulli – rätselhafte Rundhäuser aus Stein

Der Eiche Apuliens, wie Gian Girolamo II. Acquaviva genannt wurde, sind der Legende nach die pittoresken Trulli von Alberobello zu verdanken. 1635 errichtete der Feudalherr eine Villa, eine Mühle, einen Backofen und ein Gasthaus in einem bis zu diesem Zeitpunkt bedeutungslosen Weiler. Er lag inmitten des »Waldes des schönen Baums«, der Silva Arboris Belli. Seinen Bauern befahl der Adelige, mörtellose Steinhütten in Trockenbauweise zu errichten, denn für gemauerte Siedlungen hätte er dem Vizekönig in Neapel Steuern zahlen müssen.

Die Bauern bedienten sich des seit der Antike im ganzen Mittelmeerraum verbreiteten Typs einfacher Rundbauten aus aufgeschichteten Steinplatten, die oben zu einem »unechten« Gewölbe zusammengeschoben wurden. Die Trulli haben einen quadratischen Grundriss. Bei größerem Platzbedarf wurden mehrere Häuschen miteinander verbunden – wodurch die charakteristischen Straßenzüge Alberobellos entstanden.

Auf den dunkelgrauen Steindächern der Trulli finden sich oft in Weiß aufgemalte, weithin sichtbare heidnische und christliche Symbole. Die magischen Zeichen sollen Trullo und Bewohner schützen und dienen als Hausnummern. Zusätzlich bekrönen kugel- oder sternförmige Figuren, über deren Funktion viel gerätselt wurde, die Häuschen. Das erste nicht in Trullo-Bauweise errichtete Gebäude von Alberobello entstand übrigens erst 1797: die Casa D'Amore.

Karte S. 66

Locorotondo **Mittelapulien**

Unterkünfte

Colle del Sole €€
Nettes Familienhotel, 500 m vom Zentrum, ruhige Lage, Pool, Restaurant.
- Via Indipendenza 63
  70011 Alberobello | Tel. 08 04 32 18 14
  www.hotelcolledelsole.it

Lanzillotta €€
Direkt im Ort; stilvoll-nostalgische Zimmer; dazu gehört das Restaurant »La Dolce Vita« (auch Weinbar und Livemusik).
- Piazza Ferdinando IV 31
  70011 Alberobello | Tel. 08 04 32 15 11
  www.hotellanzillotta.it

Im Trullo
Wer im Urlaub einen Trullo mieten möchte, wird bei www.trullinet.com fündig. Viele topmodern ausgebaute Wohntrulli in Alberobello, Locorotondo etc. bietet www.valledeitrulli.it.

Restaurants

L'Aratro €€–€€€
Im echten, rustikal eingerichteten Trullo probiert man Spezialitäten Apuliens wie *burrate* und *orrecchiette* mit *cima di rapa* zu einheimischen Weinen.
- Via Monte San Michele 25/29
  70011 Alberobello
  Tel. 08 04 32 27 89
  www.ristorantearatro.it

Trullo d'Oro €€–€€€
In einem schön restaurierten Trullo genießt man traditionelle Regionalküche. Hausgemachter Rosenlikör krönt jede Mahlzeit. Mo geschl.
- Via F. Cavallotti 27 | 70011 Alberobello
  Tel. 08 04 32 18 20
  www.trullodoro.it

Locorotondo 14 [E6]

Hier und dort ein Trullo, Oliven- und Mandelbäume und vor allem unzählige Weinreben bestimmen die Landschaft um Locorotondo (14 300 Einw.). Der strahlend weiße und, wie sein Name schon verrät, kreisförmig angelegte Ort auf einem Hügel lohnt als Gesamtkunstwerk einen Besuch. Vom Stadtpark aus genießt man einen herrlichen Panoramablick über das Valle d'Itria bis Martina Franca. Besucher sollten den spritzigen Weißwein Locorotondo DOC verkosten und die in traditioneller Handarbeitstechnik hergestellten Deckchen zumindest bestaunen.

Hotel

Sotto le Cummerse €€–€€€
Apartments und Zimmer in stilvoll restaurierten kleinen Häuschen im Zentrum; Frühstück in einer Bar.
- Via Vittorio Veneto 138
  70010 Locorotondo
  Tel. 08 04 31 32 98
  www.sottolecummerse.it

Restaurant

Trattoria Centro Storico €–€€
Nettes Altstadtlokal. Antipasti und der einheimische Wein munden hier besonders gut. Im Winter Mi geschl.
- Via Eroi di Dogali 6
  70010 Locorotondo
  Tel. 08 04 31 54 73

Shopping

Cantina del Locorotondo
Verkauf des exzellenten Weißweins, seit Kurzem auch Sekt (Brut und Demi Sec).

- Via Madonna della Catena 99
  Locorotondo | Tel. 08 04 31 16 44
  www.locorotondodoc.com

Il Tempo ritrovato
Die hohen Preise der Spitzen und Stickdeckchen entsprechen der langen, mühevollen Arbeit an jedem Stück.
- Piazza Vittorio Emanuele 20
  70010 Locorotondo
  Tel. 08 04 31 32 01
  www.il-tempo-ritrovato.net

Martina Franca 15 [E6]

Mitten in der grünen Landschaft des Valle d'Itria erblickt man ein kleines Juwel: Martina Franca (49 500 Einw.) auf der höchsten Stufe der südlichen Murge ist geprägt von Barock- und Rokokobauten des 18. Jhs. Die ungewöhnliche Kombination von weiß getünchten Wänden und den geschwungenen Linien dunkler Fenster, von Balkonen und Portalen, verfehlt ihre Wirkung nicht. Hinter dem barocken Bogen Sant'Antonio sieht man die breite, harmonische Fassade des **Palazzo Ducale,** Amtssitz der Familie Caracciolo, die Martina Franca von 1507 bis 1827 beherrschte.

Barockfassaden säumen die Flaniermeile Corso Vittorio Emanuele, der man bis zur Kirche **San Martino** folgt. Die prächtige Front der Kirche und der schöne Hauptaltar im Inneren stammen ebenso aus dem 18. Jh. wie der **Palazzo della Corte** gleich links und die **Torre Civica.**

Die Stadt füllt sich jedes Jahr Mitte Juli bis Anfang Aug. anlässlich des ! Festival Internazionale della Valle d'Itria mit Opernfans (www.festivaldellavalleditria.it).

Barocke Architektur in Martina Franca

Hotel

Masseria Chiancone Torricella
€€–€€€
Masseria aus dem 17. Jh., in der man sich wunderbar erholt. Restaurant in umgebauten Trulli, Pool.
- Strada Trasconi Chiancone
  74015 Martina Franca
  Tel. 08 04 49 06 00
  www.masseriachiancone.it

Restaurants

Lisi €
Die Tradition des *fornello* (Gebratenes vom Spieß, direkt aus der Metzgerei) lebt hier fort. Probieren Sie auch den hausgemachten *capocollo* (Rollschinken aus dem Nackenstück). So geschl.

Karte S. 66

Marina di Ostuni, Ostuni **Mittelapulien**

- Via Verdi 57 | 74015 Martina Franca
  Tel. 08 04 80 15 47

Gran Caffè €
Morgens Frühstück, mittags Snacks und abends Käse- und Salamispezialitäten. Im Winter Do nachmittags geschl.
- Piazza XX Settembre 7a
  74015 Martina Franca

Marina di Ostuni 16 [F5]

17 km Strand, dazwischen von Felsen eingerahmte Sandbuchten: ideal für alle Sonnenanbeter und Wassersportler. Luxusresorts und Camping-Apartment-Anlagen wechseln sich am Meer ab. Weite Sandstrände ziehen sich nördlich bis Torre Canne hin, der schönste ist Bosco Verde. Gleich über zwei Stränden bei Marina di Ostuni (Camerini Creta Rossa und Lido Morelli Rosa Marina) durfte 2012 die blaue Flagge (für Top-Wasserqualität und gepflegte Strandeinrichtungen) wehen.

Besonders schön ist auch ❗ der feinsandige Strand im Naturschutzgebiet **Torre Guaceto**, nördlich des gleichnamigen Ortes (10 km südlich von Marina di Ostuni).

Hotels
Gran Hotel Masseria Santa Lucia €€€
In einer rosa gestrichenen Masseria (Bauernhof) verbirgt sich ein Luxushotel, das an orientalische Oasenpracht erinnert, mit Sand- und Felsstrand, Pool.
- an der SS 379 | km 23,5
  Tel. 08 31 35 61 11
  www.masseriasantalucia.it

Masseria Il Frantoio €€€
Schöne alte Masseria, ❗ nostalgisch-romantische Zimmer und Apartments in weißen Mauern.
- an der SS 16 | km 874
  Tel. 38 04 32 93 01
  www.masseriailfrantoio.it

Ausflug nach Ostuni 17 [F6]

Der Ort liegt wie eine Fata Morgana auf drei Hügeln, überragt von seiner Kathedrale und der farbigen Kuppel der Barockkirche **Santa Maria Maddalena**. Von der Piazza della Libertà mit dem hl. Oronzo auf der Bildsäule führt die Via Cattedrale in die Altstadt.

In den hübschen Gassen setzen im Sommer rosa blühende Bougainvilleen Farbakzente vor weißen Mauern. Treppauf geht es zur **Kathedrale** von 1435 mit eigentümlich geschwungener Fassade. Der filigrane Rundbogenfries wetteifert mit der prächtigen Fensterrose um die Aufmerksamkeit der Betrachter. Einmalige Ausblicke bietet die Panoramastraße an der Altstadt.

Restaurant
Osteria del Tempo Perso €€–€€€
In einer angenehm temperierten Grotte genießt man ❗ hervorragende apulische Küche. Die *niumarieddi,* Rouladen aus Lamminnereien zählen zu den Spezialitäten der Küche der Murge-Region. Außer Juli/Aug. Mo Ruhetag.
- Via G. Tanzarella Vitale 47
  72017 Ostuni | Tel. 08 31 30 48 19
  www.osteriadeltempoperso.com

Mittelapulien Cisternino, Brindisi

Blick vom Meer auf die Uferpromenade von Brindisi

Ausflug nach Cisternino 18 [E/F6]

Mitten in einer Bilderbuchlandschaft liegt Cisternino. Ein Hauch von Orient umgibt die niedrigen Häuser mit ihren Außentreppen und Innenhöfen. Unzählige Bogen überspannen die Gassen, alles ist weiß getüncht. An Sommerabenden strömen Badegäste vom Meer in die Restaurants und Bars – und die *fornellos*, die Metzgereien, die ihr Fleisch selbst grillen.

Brindisi 19 [E1]

Die Geschicke der weltoffenen Provinzhauptstadt (89 200 Einw.) bestimmt seit jeher der einzigartige Naturhafen in Form eines Hirschkopfes (messapisch *brunda*). Brundisium war der wichtigste Orienthafen Roms, und noch heute ist die Stadt der bedeutendste Fährhafen nach Griechenland.

Ein gelungenes Ensemble ist die **Piazza del Duomo**. Links neben dem **Dom** liegt der Zugang zum **Museo Archeologico Provinciale Francesco Ribezzo**. Ein Unikum sind die messapischen Vasen mit den Rädchen *(trozzelle)* an den Henkeln. Im Lapidarium stehen antike Großstatuen (So, Mo geschl.; z. Zt. Eintritt frei).

Durch den Turmdurchgang erreicht man zwei mächtige Sockel, auf denen einst die Endsäulen der Via Appia am Meer standen. Eine steht heute in Lecce › S. 103, die zweite restauriert an ihrem Platz.

Am Hafen erblickt man das 53 m hohe **Monumento al Marinaio,** ein Denkmal für die Seeleute. Das gewaltige staufische Kastell am westlichen Becken ist wie das aragonesische auf der vorgelagerten Insel Sant'Andrea in Militärbesitz.

Richtung Nordwesten wartet eine der schönsten Kirchen ringsum: **Santa Maria del Casale** 20 [E1] (spätes 13. Jh.). Die geometrische Musterung der Fassade aus rot-weißem Gestein wirkt überraschend. Der Innenraum prunkt mit Fresken aus dem 14. Jh.

Info
Puglia Promozione-Brindisi
- Via C. Colombo 88 | 72100 Brindisi
Tel. 08 3156 21 26
www.viaggiareinpuglia.it

Karte S. 66

Castellaneta Marina, Massafra **Mittelapulien**

Informationsbüro
- Lungomare Regina Margherita 43 (Hafen) | 72100 Brindisi

Hotel
Hotel Grande Internazionale €€€
Stilvolles Hotel am Meer, das aus der Zeit stammt, als Brindisi vom Orienthandel profitierte, und das sich den Charme von einst bewahrt hat.
- Lungomare Regina Margherita 23 72100 Brindisi | Tel. 08 31 52 34 73
  www.albergointernazionale.it

Restaurant
Il Giardino €
Tolle Pizzeria in stilvollem Palast mit Garten. So abends und Mo geschl.
- Via Tarantini 14 | 72100 Brindisi Tel. 08 31 52 49 50

Castellaneta Marina 21 [f2]

40 km Sanddünen vor mediterraner Landschaft, teils Macchia, teils hohe Pinien, erstrecken sich an der Riva dei Tessali am Golf von Taranto und reichen von Marina di Ginosa im Süden bis Chiatona und Lido Azzurro im Norden. Das Gebiet und v. a. sein zentraler Hauptferienort Castellaneta Marina laden zu familienfreundlichen Ferien ein. Viele Campingplätze und Apartmentanlagen, Villaggi und Klubs bieten auch sportliche Aktivitäten und im Juli/August Animation vom Kinderklub bis zum Disco-Abend. Sommer, Sonne, ! Sand und Strand stehen in Castellaneta Marina eindeutig an erster Stelle.

Hotel
Il Valentino Family Village €–€€€
Große Apartment-Siedlung mit Pool, 2 km vom Meer, per Shuttlebus gelangt man zum weiten, wunderschönen sandigen Privatstrand; breit gefächertes Sportangebot.
- Tel. 08 33 52 44 16
  www.villaggiocastellaneta.it

Massafra 22 [E6]

Das viereckige mächtige Kastell aus dem 16. Jh. ist das erste, was man von Massafra (32 800 Einw.) erblickt. Das Städtchen liegt zu beiden Seiten der beeindruckenden Felsschlucht **Gravina San Marco**. Spektakulär verbinden die Brücken die Altstadt Terra im Westen mit der Neustadt Santa Caterina auf der gegenüberliegenden Seite.

Ausgehöhlt von unzähligen Grotten, die von der Frühgeschichte bis zum Beginn des 20. Jhs. bewohnt waren, bildet die Gravina heute ein einzigartiges Museum. Die mit Fresken geschmückten, in den Tuff gehauenen Höhlenkirchen spiegeln die tiefe Frömmigkeit der in Apulien weit verbreiteten griechischen Eremiten- und Mönchskultur des 9.–13. Jhs. wider.

Info
Nuova Hellas
Das Büro organisiert geführte Rundgänge zu den Grotten oder Krypten von Massafra.
- Via Caduti della Nave 74016 Massafra Tel. 09 98 80 46 95
  www.massafraturismo.it

Mittelapulien Mottola und Castellaneta, Gravina in Puglia

Restaurant
Falsopepe €€
Im Sommer werden auf der Panoramaterrasse an der Gravina u. a. einheimischer Ziegenkäse und Lamm aus dem Ofen serviert. Im Winter So abends, Mo bis Mi, im Sommer So abends, Mi geschl.
- Via II S.S. Medici 42 | 74016 Massafra
  Tel. 09 98 80 46 87 | www.falsopepe.it

Mottola 23 [E6] und Castellaneta 24 [E6]

Weiß am Hügel leuchtet das Städtchen **Mottola,** das sich zu beiden Seiten seiner Gravina entwickelte. Ihre imposanten Grottenkirchen besichtigt man mit Führung.

Der Stummfilmstar Rodolfo Valentino kam 1895 als Rodolfo Guglielmi in **Castellaneta** zur Welt, das ihm ein Museum widmete (Via Vittorio Emanuele 119, Okt.–April Di–Fr 10–12.30, Sa, So auch 17 bis 20.30, Mai–Sept. tgl. 10–12.30, 17 bis 20.30 Uhr, www.fondazionevalentino.it). Die 145 m tiefe **Gravina di Castellaneta** ist eine der größten und spektakulärsten Apuliens.

Info
Ufficio Turistico
- Viale Ionio | 74017 Mottola
  Tel. 09 98 86 76 40

Restaurant
I Granai €€–€€€
In elegantem Ambiente genießt man feine traditionelle apulische Küche, aber auch kreative moderne Kochkunst. Kinderspielplatz im Garten, auch stilvolles Hotel. So abends, Mo geschl.

- Località San Basilio | Palazzo Ducale
  74010 Mottola | Tel. 09 98 83 32 24
  www.casaisabella.it

Gravina in Puglia 25 [D5/6]

Am südwestlichen Ende des Nationalparks Alta Murgia, dessen Verwaltung hier ihren Sitz hat, liegt das Städtchen Gravina in Puglia (44 200 Einw.) an einer spektakulären **Gravina**. Auch die im 15. Jh. im Renaissancestil erneuerte **Kathedrale** ragt jäh über dem Abgrund empor.

Das **Museo Pomarici** zeigt archäologische Funde und byzantinisch beeinflusste Fresken (Mo–Sa 9–13, 16–19, So, Fei 9.30–12.30 Uhr). Führungen und Infos zu den übrigen Sehenswürdigkeiten gibt die Cooperativa Benedetto XIII, im Museo Capitolare di Arte Sacra, www.benedetto13.it).

Info
Parco Nazionale Alta Murgia
Tourenvorschläge durch den Nationalpark bereit; auch begleitete Touren.
- Via Firenze 10
  70024 Gravina in Puglia
  Tel. 08 03 26 22 68
  www.parcoaltamurgia.it

Gravina Sotterranea
Führungen durch die Schluchten und die Grottenkirchen der Stadt Gravina.
- Via Meucci 10
  70024 Gravina in Puglia
  Tel. 368 57 77 26
  www.gravinasotterranea.it

Altamura   **Mittelapulien**

Karte S. 66

Schon in römischer Zeit führte die Via Appia über einen Viadukt durch Gravina in Puglia

Hotel
Masseria Protomastro €€
In Ruhe relaxen in der rustikalen Eleganz dieser Masseria, großer Garten, Pool, tolle Aussicht.
- C.da Aspro Piccolo | Gravina in Puglia
Tel. 08 03 23 71 38
www.masseriaprotomastro.it

Restaurant
Osteria Gli Amici di Cucco €€
Filippo Garibaldi führt die Osteria im Sinne des Ex-Patrons Salvatore weiter: ❗ Originelle Nudelgerichte, dazu der typische Verdeca-Wein.
- Piazza Pellicciari 4 | Gravina in Puglia
Tel. 08 03 26 84 32
www.osteriacucco.it

Altamura 26 [D5]

Die Stadt (69 650 Einw.) liegt auf der höchsten Stufe der Murge. Die Peuketier hinterließen mit ihrer noch gut erkennbaren **Mauer** aus dem 5. Jh. v. Chr. das bedeutendste Zeugnis der Antike. Nach seiner Zerstörung durch die Sarazenen gründete Friedrich II. den Ort neu und legte 1232 den Grundstein zur **Kathedrale.** Ältester Teil der hohen Hauptfassade ist die Rosette. Darunter öffnet sich eines der schönsten spätgotischen Portale Apuliens.

Am Corso Federico II. di Svevia 87 probiert man im Ronchi-Striccoli, dem ältesten Café der Stadt, den gebrannten **Padre Peppe,** einen Nussschnaps.

Geht man rechts vom Corso in die malerischen Altstadtgassen hinein, stößt man auf die typischen *claustri*, Innenhöfe mit meist nur einem Zugang, in denen sich heute wie früher das Leben der ganzen Nachbarschaft abspielt.

Der peuketische Krieger mit seinen Grabbeigaben ist die Sensation

Mittelapulien Altamura

Karte S. 66

!Erst-
!klassig

Märkte des Südens

- **Märkte in Bari:** Im Corso Mazzini und der Via Nicolai ist jeden Tag Markttag: Stände mit Obst und Gemüse, Wein-, Öl- und Gewürzhändler, frische Pasta, Fisch, Fleisch, allerlei Mariniertes und Eingekochtes – in Apuliens Hauptstadt findet sich alles, was Herz und Magen begehren. Wer auch noch um die *bella figura* bemüht ist: Jeden Montag vormittag ist Secondhand-Zeit in der Via Tommaso Fiore.
- **Antiquitätenmarkt Brindisi:** Jeden ersten Sonntag im Monat (außer Aug., Sept.) bieten rund 60 Stände auf der Piazza Teresa Antiquitäten an – allerlei Kitsch, aber auch wertvolle Stücke: Bilderrahmen, Spiegel, Schmuck, Keramik und Zeichnungen.
- **Mercato del Sabato, Matera:** Typisch italienischer Samstagsmarkt für Schnäppchenjäger im Viertel San Giacomo, viel Oberbekleidung, Schuhe, Unterwäsche, alles im Doppel- oder Dreierpack, dazu Küchengeräte, Messer, Porzellan. Über 200 Verkaufsstände auf einem Kilometer Länge.
- Jeweils am letzten Sonntag des Monats (Juni–Sept.) findet in der Kleinstadt **Soverato** auf dem Corso Umberto I der größte Trödelmarkt Kalabriens statt. Was das Shoppen besonders stimmungsvoll macht: Die Stände sind bis Mitternacht geöffnet.

im didaktisch sehr gut aufgebauten **Archäologischen Museum** (Mo–Fr 8.30–19.30, Sa, So 8.30–13.30 Uhr, Eintritt frei). Zum Abschluss besucht man die Karstdoline **Pulo di Altamura** etwas außerhalb.

Info
Proloco Altamura
- Piazza Repubblica 10–11
  70022 Altamura | Tel. 08 03 14 39 30

Hotel
Svevia €€–€€€
Modernes Haus mit hellen Zimmern und Kinderspielplatz; gute apulische Küche.
- Via Matera 2 | 70022 Altamura
  Tel. 08 03 11 17 42
  www.hotelsvevia.it

Restaurants
Del Corso €€–€€€
Lokale Kochtraditionen, verbunden mit einer kreativen Note; Produkte aus eigenem Anbau. So abends, Mo geschl.
- Corso Federico II 84 | 70022 Altamura
  Tel.08 03 14 26 95
  www.ristorantedelcorso.it

Tre Archi €€
Pizza, aber auch Puglieser Spezialitäten wie Reis mit Kartoffeln und Muscheln; in der Nähe des Doms. Mi geschl.
- Via San Michele 28 | 70022 Altamura
  Tel. 08 03 11 55 69

Shopping
Forno antico Santa Chiara
Seit 1423 wird hier das berühmte Brot Altamuras gebacken.
- Via L. Martucci 10 | 70022 Altamura

Am Hafen von Otranto

SÜDAPULIEN

Kleine Inspiration

- **Die Roséweine** in Salice Salentino verkosten › S. 96
- **In Galatina** die »divini amori« genannten Mandelplätzchen probieren › S.98
- **Das riesige Mosaik** in der Kathedrale von Otranto bestaunen › S. 101
- **Am Strand bei den Alimini-Seen** im Meer baden › S.101

Südapulien Tour 6 | 7

Der Salento bietet wunderbare Strände, Barockarchitektur und Zuckerbäckeraltäre, dazu wunderbare Städtchen wie Gallipoli und Ostuni, die Masserie im Landesinneren und die elegante Provinzhauptstadt Lecce.

Eine mediterrane Leichtigkeit scheint wie ein sanfter Hauch über den Salento, den Absatz der italienischen Halbinsel zu streichen und schlägt sich in der gemüse- und fischreichen Küche, den berühmten Roséweinen und in der Lust zum Feiern nieder. Dazu kommen die großartigen Kultur-Highlights des Landstrichs, von messapischen Stadtmauern über römische Amphitheater und mittelalterliche Fresken bis hin zu eklektizistischen Villen – und natürlich den unzähligen Barockkirchen. Das Landesinnere prägen die niedrigen karstigen Murge Salentine, die sich fast wie eine Hochebene bis hinunter zum südlichsten Punkt nach Santa Maria di Leuca ziehen. Weinreben, Oliven- und Mandelbäume setzen griechisch-mediterrane Akzente. Einsame Gehöfte und blendend weiße Städtchen verstärken den Eindruck, gerade um die Weinbaustädtchen Salice Salentino, Leverano, Copertino und Alezio. Im Hinterland der Industrie- und Hafenmetropole Taranto, in den Murge Tarantine, locken kleine, vom Tourismus noch längst nicht eroberte Städtchen.

Touren in der Region

 Der Salento

Route: Lecce › Santa Maria di Cerrate › Roca Vecchia › Otranto › Santa Cesarea Terme › Castro Marina › Santa Maria di Leuca › Gallipoli › Galàtone › Galatina › Nardò › Porto Cesareo

Karte: Seite 92
Länge: 6–8 Tage, 230 km
Praktische Hinweise:
- Mitte Juli bis Mitte August herrscht Hochbetrieb, also rechtzeitig Zimmer buchen.
- Im Juni und September sind die Preise bis zu 50 % niedriger.
- Badesachen nie vergessen – das Meer ist immer nah!

Tour-Start:
Die Tour beginnt in der barocken Provinzhauptstadt **Lecce** 17 › S. 103, wo man 1–2 Tage verbringt. Nächstes Ziel ist die romanische Kirche **Santa Maria di Cerrate** 18 › S. 107, dann geht es weiter ans Meer. Besonders feine **Sandstrände** bietet der Küstenabschnitt östlich von Lecce

Tour 6: Der Salento **Südapulien**

zwischen **Torre Rinalda, Torre Chianca** und **San Cataldo** [E1–F2]. Südlich von San Cataldo folgen kleine Sandbuchten zwischen Felsen, vor **San Foca** [F2] liegen Eilande direkt vor der Küste. Ein herrlicher Badeplatz ist auch **Roca Vecchia** [F2] mit interessanten Megalithmauern, Nekropolen und Grotten. Der weite Sandstrand bei **Torre dell'Orso** › S. 101 öffnet sich hinter einem Pinienwald, smaragdgrün leuchtet das Wasser. Dann weitet sich das Panorama, unten leuchten die **Alimini-Seen** tiefblau. In den kleinen, weiß getünchten Gassen **Otrantos** 14 › S. 100 bestaunt man eines der größten Fußbodenmosaike des Abendlandes. Mindestens zwei Tage sollten Sie bleiben, um die Strände im Norden Otrantos zu genießen. Südlich der Stadt gelangt man an der Küste zum östlichsten Punkt Italiens am **Capo d'Otranto** [F3]. Bis zur fjordartigen Bucht von **Porto Badisco** reicht die Sicht, sowie über den nur 70 km breiten Kanal von Otranto bis zu den albanischen Küstenbergen. Romantisch führt die Straße zwischen Fels und Meer in den Thermal- und Badeort **Santa Cesarea Terme** 15 › S.102. Nach der Besichtigung der beeindruckenden **Grotta Zinzulusa** › S. 102 kann man im netten Küstenort **Castro Marina** 16 › S. 102 wieder ins Meer hüpfen oder von **Castro** aus die Aussicht bis nach **Santa Maria di Leuca** 13 › S. 100, dem südlichsten Punkt Apuliens, genießen. Am nächsten Tag geht es vorbei an der Sandbucht **Baia Verde** › S. 99 weiter ins wunderschöne **Gallipoli** 12 › S. 98. Planen Sie zwei Übernachtungen ein, damit genug Zeit zum Baden bleibt. Dann besucht man ein Barockjuwel in **Galàtone** 11 › S. 98 sowie eines mit spätgotischen Fresken in **Galatina** 10 › S. 98. Barock ist auch die Piazza Salandra von **Nardò** 7 › S. 96 geprägt, während Nardòs Hausstrände umgeben von grünen Hügeln in den Badeorten **Santa Caterina** und **Santa Maria al Bagno** [E3] liegen. Entlang der Küste folgt nun ein Wehrturm dem anderen. Sandbuchten laden zu einer Pause ein, auch im Küstenstädtchen **Porto Cesareo** 5 › S. 96 bildet der Strand die Hauptattraktion.

Murge Tarantine

Route: Taranto › Grottaglie › Oria › Manduria

Karte: Seite 92
Länge: 2–3 Tage, 55 km
Praktische Hinweise:
- In Taranto besonders auf die Wertsachen achten!
- In Grottaglie sind die Keramikläden im Sommer bis spät abends geöffnet.

Tour-Start:

Den Auftakt zu dieser Tour bildet die Hafenstadt **Taranto** 1 › S. 93, wo vor 2500 Jahren mehr Menschen lebten als heute. Strahlend zeigt sich das Meer zu beiden Seiten der kleinen Altstadt, nicht anders als der bezaubernde antike Goldschmuck

Südapulien Tour 7: Murge Tarantine

im bedeutenden Archäologischen Museum. Über San Giorgio Ionico führt die Strecke dann schnurgerade zwischen Weinbergen und ausgedehnten Olivenhainen hinauf auf die erste Stufe der Murge in die nette Keramikstadt **Grottaglie** 2 › S. 94, die sich für eine Übernachtung anbietet. Am nächsten Tag sieht man **Oria** 3 › S. 94 auf drei Hügeln, gekrönt von der Burg Friedrichs II. Ganz mittelalterlich geprägt zeigt sich noch das Viertel Giudea. Inmitten weiter Weinberge liegt auch die alte Messapierstadt **Manduria** 4 › S. 95 auf einer Stufe der Tarantiner Murge. Bemerkenswerte Zeugnisse ihrer antiken Vergangenheit und der bekannte Wein Primitivo di Manduria warten auf Besucher und Genießer. Es empfiehlt sich, hier zu übernachten.

Verkehrsmittel

- Die Ferrovie del Sud Est, die in viele einzelne Zweige unterteilt sind, fahren Taranto, Lecce, Nardò, Gallipoli, Otranto und Gagliano-Santa Maria di Leuca an (www.fseonline.it).
- Im Sommer verkehren regelmäßig Shuttlebusse zu den Stränden, z. B. von Otranto zur Küste bei den Alimini-Seen.
- Wer auch ins Landesinnere vordringen oder die ganze Halbinsel umrunden möchte, braucht nach Möglichkeit ein Auto. Dorthin ist die Anfahrt mit dem Bus eher umständlich (Infos: www.fseonline.it und www.oraribus.com/orari-autobus/puglia.

Touren in Südapulien

Tour 6   Baden und Barock – der Salento
Lecce › Santa Maria di Cerrate › Roca Vechia › Otranto › Santa Cesarea Terme › Castro Marina › Santa Maria di Leuca › Gallipoli › Galàtone › Galatina › Nardò › Porto Cesareo

Tour 7   Murge Tarantine
Taranto › Grottaglie › Oria › Manduria

Karte S. 92

Taranto Südapulien

Unterwegs in Südapulien

Taranto 1 [D2]

Die Hafen- und Industriestadt (Tarent; 203 300 Einw.), 706 v. Chr. gegründet, kämpft seit vielen Jahren mit sozialen Problemen und hoher Arbeitslosigkeit. Grund ist die anhaltende Krise der Stahlwerke Gruppo Riva.

Die Altstadt Tarantos erstreckt sich auf einer Insel zwischen dem landeinwärts gelegenen Mare Piccolo und dem Mare Grande auf der Meerseite.

Hauptsehenswürdigkeit von Taranto ist das **Archäologische Museum** – nach Neapel das bedeutendste seiner Art in Süditalien. Der Rundgang beginnt bei Exponaten aus der Steinzeit bis zur Eisenzeit, darunter 7000 Jahre alte Keramik. Es folgen Skulpturen, Mosaiken und Grabreliefs des 5. bis 3. Jhs. v. Chr. sowie korinthische Vasen und römische Porträtköpfe. Den Glanzpunkt bildet der berühmte **Goldschmuck** von Tarent (Via Cavour 10, tgl. 8.30 bis 19 Uhr, Eintritt 5 €, Kinder bis 18 Jahre frei, jeden ersten So im Monat freier Eintritt, Tel. 09 94 53 21 12, www.museotaranto.org).

Man folgt dem Corso Umberto bis zu einem Wahrzeichen von Taranto, der Drehbrücke über den 1481 eröffneten Schifffahrtskanal zwischen Alt- und Neustadt. Das mächtige, zur gleichen Zeit errichtete **Kastell** (heute Marinebesitz) mit vier Rundbastionen schützt die Einfahrt.

Sowohl an der Meerseite entlang als auch durch die heruntergekommene Altstadt gelangt man zum **Dom**. Begonnen wurde er im 11. Jh. in Form eines griechischen Kreuzes mit Kuppel über der Vierung, beendet als dreischiffiger Langhausbau. Die Cappella San Cataldo neben dem Chor wurde wie die vergoldete Kassettendecke des Mittelschiffs im Barockstil reich ausgestattet. Zurück geht es über die Uferstraße am Mare Piccolo, wo ein lebhafter Fischmarkt lockt.

Für Freunde moderner Architektur lohnt sich die Fahrt entlang des Lungomare Vittorio Emanuele III in der Neustadt bis zur Via Magna Grecia. An der Ecke zur Via Dante überrascht die 1971 von Gio Ponti erbaute **Concattedrale**: ein leichter Bau, der Anleihen bei der Gotik nimmt.

Info
Puglia Promozione
- Corso Umberto 121 und 113 (Infobüro)
  Tel. 09 94 53 23 97 | 74123 Taranto
  www.viaggiareinpuglia.it

Hotel
Plaza €€
Modernes Hotel gegenüber dem Archäologischen Museum; schallgedämpfte Zimmer; freundlicher Service, gutes Fischrestaurant.
- Via D'Aquino 46 | 74123 Taranto
  Tel. 09 94 59 07 75
  www.hotelplazataranto.com

Restaurants

Al Canale €€€

❗ Hochwertige Fischgerichte: mit Gemüse *al forno*, frittiert oder echt apulisch, d.h. roh, am Fischmarkt in der Altstadt.
- Scesa Vasto | 74123 Taranto
  Tel. 09 94 76 42 01

Trattoria Gesù Cristo €€

Fisch, zubereitet nach einfachen Rezepten. So abends, Mo geschl.
- Piazza Ramellini | 74121 Taranto
  Tel. 09 94 77 72 53

Grottaglie 2 ⭐ [D1]

Nach Grottaglie (32 800 Einw.) fährt man in erster Linie zum Keramikkauf. Die Tongefäße wurden im 16. Jh. bis ins Habsburgerreich und in die Türkei exportiert. Kundig macht man sich im **Museo della Ceramica** im Castello (dort Touristeninfo, Tel. 09 95 62 02 22).

Ein ganzes Viertel, das **Quartiere delle Ceramiche Camenn'ri** unterhalb des Kastells (14. Jh.), lädt zum Bummeln ein. Überall stehen Schüsseln und Krüge zum Trocknen. Die Läden sind teilweise in den Fels gehauen. Wer eine Vorliebe hat für die Motive: Hahn und blaue Sternchen kennzeichnen traditionelle Keramik. Doch auch modernes Design ist vertreten. Von der Piazza Margherita mit der romanischen Hauptkirche lohnt ein Bummel durch das Gassengewirr der **Altstadt**.

Hotel

Masserie Le Monache €–€€

B&B in alter, rosa verputzter Masseria, mit Garten und Kinderspielplatz.
- SP per San Marzano–Grottaglie
  74023 Grottaglie | Tel. 33 82 68 07 77
  www.masserialemonache.sitiwebs.com

Oria 3 [D2]

Die Kuppel der barocken Basilika **Santa Maria Assunta** und das Kastell überragen die weißen Häuser auf dem Hügel des die Ebene beherrschenden Städtchens Oria (15 400 Einw.). Der einstige Königssitz der Messapier erlebte seine zweite Blütezeit im Mittelalter: Friedrich II. ließ im 13. Jh. auf der alten Akropolis das **Kastell** über dreieckigem Grundriss errichten. Heute beherbergt es Waffen und Rüstungen (Infos zur Besichtigung unter Tel. 08 31 50 29 92).

Seine jüdische Kolonie trug Oria eine führende Stellung auf wissenschaftlichem und kulturellem Ge-

Keramikmalerin bei der Arbeit

biet ein. Das Viertel **Giudea** (»Judäa«), einer der am besten erhaltenen Flecken aus dem mittelalterlichen Apulien, erinnert bis heute daran. Unter der Terrasse vor der Basilika liegt das **Centro di Documentazione messapica** mit über 350 Fundstücken (Gefäße, Waffen, Schmuck) aus messapischen Gräbern, von den Anfängen bis in römische Zeit (Mo–Sa 8.30 bis 13.30 Uhr, Eintritt frei).

Restaurant
Vecchia Oria €€€
Serviert bodenständige, fantasievoll zubereitete Gerichte. Mi Ruhetag.
- Vicolo Rotto Milizia 3 | 72024 Oria
  Tel. 08 31 84 58 80

Manduria 4 [D2]

Sehenswürdigkeiten aller Epochen warten in einer der interessantesten Städte des Salento (31 700 Einw.). Nordöstlich des Ortes, bei der modernen Kirche Sant'Antonio, stehen Reste der **messapischen Mauer**. Sie ist bis zu 7 m hoch und stammt aus dem 5.–3. Jh. v. Chr.

Etwas stadteinwärts liegt die **Fonte Pliniano,** ein unterirdisches Quellheiligtum. Schon Plinius d. Ä. interessierte sich für diesen Ort, daher der Name.

In der Altstadt findet sich die romanische, später in Renaissanceformen erneuerte Hauptkirche **San Gregorio Magno** mit feinen Karyatiden an der schönen Nussholzkanzel (1608). Schräg gegenüber liegt der Zugang zum mittelalterlichen jüdischen Ghetto.

Tor zur mittelalterlichen Giudea in Oria

Am Abend speist man natürlich zum gehaltvollen lokalen Rotwein Primitivo di Manduria. Wer ihn kosten möchte – Weinproben bieten etwa das **Consorzio Produttori Vini** (Via Fabio Massimo 19, Tel. 09 99 73 53 32; auch ❗ Weinmuseum) oder die **Cantina e Oleificio Sociale** (Via per Lecce, km 25, Tel. 09 99 79 60 45).

Hotels
Masseria Bosco €€–€€€
Schöner alter Bau, umgeben von Olivenhainen, mit Pool und Spielplatz; in den ehemaligen Ställen serviert das Restaurant hausgemachte Nudeln. Das Olivenöl *extra vergine* stammt aus eigenem Bioanbau.
- Via per Erchie
  74020 Avetrana (9 km von Manduria, Richtung Avetrana)
  Tel. 09 99 70 40 99
  www.masseriabosco.it

Castello di Mudonato €
Die Familie Mannarini von Braun hat in ihre befestigte mittelalterliche Masseria drei mit antiken Möbeln eingerichtete Ferienwohnungen integriert. Man spricht Deutsch.
- 74020 Avetrana (3,5 km von Manduria Richtung Salice Salentino)
  Tel. 09 99 70 40 76
  www.castellodimudonato.it

Restaurant
Osteria dei Mercanti €–€€
Im Stadtzentrum in der Nähe des Kastells wird gute apulische Küche geboten.
- Via Senatore Giuseppe Lacaita 7
  74024 Manduria
  Tel. 09 99 71 36 73

Porto Cesareo 5 [E2]

Vor dem lebhaften Bade- und Fischerort mit feinem Sandstrand breitet sich ein Archipel winziger Inseln aus – ideal für Sonnenanbeter und Hobbytaucher. Wer nicht nur einfach hinüberschwimmen möchte, kann an der Hafenpromenade auch ein Boot mieten. Die markanteste Sehenswürdigkeit des Ortes ist – natürlich – ein Wachturm des 16. Jhs.

Hotel
Lo Scoglio €–€€€
Angenehmes Hotel auf der gleichnamigen kleinen Insel im Hafen, mit schickem Restaurant, eigenem Strand und sehr schöner Parkanlage.
- Isola Lo Scoglio
  Tel. 08 33 56 90 79
  www.isolaloscoglio.it

Restaurant
Al Gambero €–€€
Romantisch im Freien und direkt am Wasser neben dem Wehrturm genießt man hier gute Fischgerichte. Im Winter Mo Ruhetag.
- Piazza Nazario Sauro 19
  Tel. 08 33 56 91 23

Ausflug nach Salice Salentino 6 [E2]

Das Zentrum des Weinbaus ist Salice Salentino, eines der typischen weißen Städtchen dieser Gegend mit einer hübschen barocken Pfarrkirche. Im berühmten Keller von Baron **Leone de Castris** (Via Senatore de Castris 48, www.leonedecastris.com) reifen u. a. der Rosé Five Roses, der ausgezeichnete Weiße Donna Lisa DOC, der klassische Rote Salice Salentino DOC und ein fruchtiger Grappa.

Am anderen Ortsende verkauft die **Winzergenossenschaft** auch offenen Wein, der sich aber hinter den Prädikatsweinen nicht verstecken muss (Via P. Nenni 12).

Nardò 7 [E3]

Das Zentrum von Nardò (31 900 Einw.) ist die geschlossene Platzanlage der **Piazza Salandra** mit der 30 m hohen Guglia dell' Immaculata (Mariensäule). Die Barockkirche **San Domenico** sieht man schon von der Piazza aus. Recht ungewöhnlich sind die grotesken Trägerfiguren an der Fassade. Rechts am Sedile vorbei erreicht

Karte S. 92

Nardò, Ausflüge von Nardò **Südapulien**

In Nardò führt der abendliche Corso auf die zentrale Piazza Salandra

man vom Hauptplatz aus die **Kathedrale** mit Barockfassade und romanisch-gotischem Innenraum.

Nardòs Strände liegen umgeben von grünen Hügeln in den Badeorten **Santa Caterina** und **Santa Maria al Bagno**. Vor türkisfarbenem Meer ragen die **Quattro Colonne** empor, die Ecktürme des einstigen spanischen Kastells.

Hotel
Villa Tarantino €–€€
B & B in der Villa Tarantino aus den 1920er-Jahren mit großem Park.
- Via S. Caterina | Località Cenate 30 (SP 129 Nardò–Santa Caterina) 73048 Nardò | Tel. 32 87 26 43 78
  www.bedinnsalento.it
  (auf Santa Caterina klicken)

Restaurant
Da Ginetto €€
Auf einer Terrasse am Meer genießt man Fischgerichte in allen Variationen. Sehr gut sind auch die Meeresfrüchte, Garnelen und Tintenfische. Mo Ruhetag.

- Via Lamarmora 38
  Santa Maria al Bagno | 73048 Nardò
  Tel. 08 33 57 33 30
  www.ristoranteginetto.com

Modò €€–€€€
Beim Dom in Nardò verwöhnen der Chef Leonardo und seine freundliche Frau Maria ihre Gäste mit lokalen Produkten, die kreativ zubereitet werden. Im Winter abends So–Di geschl.
- Via Duomo 20 | 73048 Nardò
  Tel. 39 27 87 69 46
  www.ristorantemodo.it

Ausflüge von Nardò

Copertino 8 [E2] und Leverano 9 [E2]
Copertino, in dessen Umgebung der vollmundige Rotwein Copertino DOC angebaut wird, ist der Heimatort von Gianserio Strafella (ca. 1520–1573), des einzigen bedeutenderen Renaissancemalers aus Apulien. Einige seiner Werke sind im Kastell mit prächtigem Renais-

sanceportal und in der Rokokokirche Madonna delle Nevi zu sehen.

In **Leverano** werfen Sie einen Blick auf den eleganten Wehrturm Friedrichs II. und die reich verzierte Fassade der Pfarrkirche, anschließend geht es zur Weinprobe. Der rote Komplex im Pinienhain an der Via Cesarea von Leverano Richtung Porto Cesareo gehört der Cantina Zecca (www.contizecca.it). Die große Auswahl an edlen Kreszenzen umfasst z. B. *Luna,* einen fruchtigen *Salice Salentino Bianco.* Dahinter bietet die Cantina sociale Vecchia Torre (Via Marche 1, www.cantina vecchiatorre.it) gute und günstige offene Weine sowie Flaschenweine an. Ein Abstecher von 8 km führt zur exzellenten Cantina von Appolonio nach Monteroni di Lecce (Via San Pietro in Lama 7, www.apollo niovini.it). Empfehlenswert sind der weiße Aperitifwein Elfo aus der lokalen Rebe Bombino und der rote Copertino DOC.

Galatina 10 [E/F2/3]

In Galatina (27 300 Einw.) kommen Mittelalterfans auf ihre Kosten. Ein umfangreicher Freskenzyklus aus dem Quattrocento besticht in der Kirche **Santa Caterina d'Alessandria.** Der Feudalherr Raimondello del Balzo Orsini ließ den Bau ab 1384 errichten. Die Fresken mit Szenen aus dem Leben Christi und der hl. Katharina sowie aus der Genesis und der Apokalypse gab seine Witwe um 1420 bei neapolitanischen und mittelitalienischen Malern in Auftrag. Einen weiteren Grund für einen Besuch liefern die *divini amori,* mit Marmelade gefüllte Plätzchen aus Mandelteig.

Galàtone 11 [E3]

Weinfelder säumen den Weg in das Städtchen (15 800 Einw.). Am Rand der Altstadt, vor dem viereckigen Wehrturm, erhebt sich eine der schönsten Barockkirchen der Gegend im Lecceser Stil. Die dreiteilige Fassade des **Santuario del Crocifisso della Pietà** wirkt durch das große Fenster mit seiner fein durchbrochenen Marmorplatte fast ein wenig maurisch. Noch prächtiger präsentiert sich der Innenraum der Wallfahrtskirche mit vergoldeter Kassettendecke und dem sehenswerten Zuckerbäckeraltar.

Gallipoli 12 ★ [E3]

Griechen aus Taranto gründeten einst die *kale polis* (»schöne Stadt«), das heutige Gallipoli (20 200 Einw.). Bis zur normannischen Eroberung 1071 war die Stadt eines der blühenden byzantinischen Zentren des Salento. Enge Gassen, weißgetünchte niedrige Häuser, blumengeschmückte Balkone, Bogen und Treppenaufgänge charakterisieren die in sich geschlossene, auf einer Insel liegende **Altstadt.** Den Zugang schützt das rechteckige **Kastell.**

Man passiert die Markthallen und folgt der Hauptflaniermeile Via Antonietta De Pace bis zur prächtigen **Kathedrale.** Sie wurde 1696 im Lecceser Barockstil fertiggestellt. Schön ist das Fest zu Ehren der hl. Christina mit Prozession, Konzert und Feuerwerk am 24. Juli.

Karte S. 92

Gallipoli **Südapulien**

Das **Museo Civico** in der Via Antonietta De Pace 108 beherbergt ein auch für Kinder unterhaltsames Sammelsurium vom Walskelett über Mineralien bis zum messapischen Sarkophag (wechselnde Öffnungszeiten, www.museocivicogallipoli.it). Interessant ist auch die alte Ölmühle **Frantoi Ipogei** unter einem Palazzo in der gleichen Straße (Ostern–Sept. 10–12.30, 15.30 bis 18, ab Juni 16–19.30, Juli/Aug. bis 22 bzw. 23 Uhr). **50 Dinge** ㉗ › S. 15.

Auf den **Riviere** (Uferstraßen) kann man um die Altstadt herumspazieren, mehrere Barockkirchen liegen am Weg.

Ein Genuss ist das Baden an der **Baia Verde**, der ! wunderschön vor einem Piniengürtel gelegenen Sandbucht im Süden Gallipolis.

Hotel
Relais Corte Palmieri €€–€€€
Mediterranes Ambiente im ehemaligen Adelspalast, traumhafte Aussicht von der Terrasse. April–Nov.
- Corte Palmieri 3 | 73014 Gallipoli Tel. 08 33 26 53 18 www.relaiscortepalmieri.it

Restaurants
Marechiaro €€€
Der Familienbetrieb nimmt den kleinen Felsen vor der Altstadtbrücke ein; hervorragende Fischgerichte wie die Fischsuppe *alla gallipolina*.
- Lungomare Marconi | 73014 Gallipoli Tel. 08 33 26 61 43

Pane Olio e Fantasia €
Bruschette mit feinem Olivenöl und andere gute Snacks, auch im Freien. Im Winter nur Fr, Sa, So abends u. So mittags, im Sommer tgl.
- Piazzetta della Repubblica 9 73014 Gallipoli | Tel. 34 08 09 10 85

Shopping
Cantina Rosa del Golfo
Bietet exzellente Weine wie den weißen *Bolina*, den duftigen *Rosa del Golfo*, den roten *Portulano* oder den perlenden *Brut Rosè*, nur 5,5 km entfernt in Alezio.
- Via Garibaldi 18 | 73011 Alezio www.rosadelgolfo.com

Die schönsten Sandstrände

- Der lange Strand im Westen von Peschici liegt vor grünlich schimmernden Olivenhainen. › **S. 53**
- Besonders feinsandige Strände findet man im Naturschutzgebiet Torre Guaceto. › **S. 83**
- Kilometerlang nur Sand: der weit geschwungene Strand von **Castellaneta Marina.** › **S. 85**
- An der wunderschönen **Baia Verde** im Süden Gallipolis badet man vor einem grünen Piniengürtel. › **S. 99**
- Der Strand bei **Torre dell'Orso** im Norden Otrantos liegt in einer Bilderbuchbucht vor hohen Pinien. › **S. 101**
- Der besonders breite, feinkörnige Strand in **Policoro Lido** wird hauptsächlich von italienischen Familien frequentiert. › **S. 120**
- Der feine Sandstrand westlich von **Le Castella** bietet einen Traumblick auf die Wasserburg. › **S. 137**

Santa Maria di Leuca 13 [F4]

Auf dem 60 m hohen Kalkfelsen, dem südlichsten Punkt Apuliens überragt der weiße Marineleuchtturm die mächtige Wallfahrtsstätte **Basilica finis terrae**, die »Kirche am Ende der Welt«. Über 180 Stufen führen von dort hinab in den Hafen- und Fischerort, der geprägt ist von einer kuriosen Ansammlung von Villen aller Stile, denn die Reichen und Schönen zog es schon seit Anfang des 20. Jhs. hierher. Machen Sie einen Bootsausflug zu den vielen **Grotten** entlang der Küste, die nur vom Meer aus zu entdecken sind.

Hotel
Mamma Rosa €
Einfache Zimmer; Restaurant mit exzellenter salentinischer Küche.
- Via Dante Alighieri 7 | 73053 Patù (6 km von Santa Maria di Leuca)
  Tel. 08 33 75 20 63
  www.albergomammarosa.it

Restaurants
Rua de li Travaj €
Absolut nette Atmosphäre in dem alten Palazzo, einfache, wohlschmeckende Küche des Salento. Im Winter Mi geschl.
- Via Cavallotti 44 | 73053 Patù
  Tel. 34 90 58 45 31

Am **Gästehafen** und entlang dem **Lungomare C. Colombo** reihen sich Bars und Caffès, die Snacks servieren. Hier trifft man sich v. a. abends.

Otranto 14 [F3]

Wahrscheinlich gründeten Griechen aus Taranto den Ort Hydruntum, den Vorgänger des heutigen Otranto, Italiens östlichster Stadt

---

SEITENBLICK

Mamma, li turchi!
Zuerst die Sarazenen, seit dem 14. Jh. die Türken: Die Küsten Süditaliens hatten lange unter den Raubzügen islamischer Piraten zu leiden. Mit dem Fall Konstantinopels 1453 trat jedoch eine neue Situation ein, denn nun schickten sich die Türken erstmals zur dauerhaften Landnahme in Italien an.

Am 28. Juli 1480 griff eine aus 90 Galeeren bestehende Flotte mit 18 000 Mann unter dem berüchtigten Ahmed Pascha Otranto an. Die letzten 800 Einwohner mussten am 12. August kapitulieren. Da sie ihrem Glauben nicht abschwören wollten, wurden sie am 14. August brutal niedergemetzelt. Ihre Gebeine birgt heute die Märtyrerkapelle im Dom. So entstand ein türkischer Brückenkopf in Süditalien und damit eine ständige Bedrohung für das Umland. Erst im September 1481 gelang es dem Thronfolger Alfonso, die Türken aus Otranto zu vertreiben.

Dieses kurze, aber schockierende Auftauchen der Türken führte dazu, dass die für die Küsten Apuliens und Kalabriens so charakteristischen Wehrtürme errichtet und die Kastelle verstärkt wurden. Der Schreckensruf »Mamma, li turchi!« (»Mama, die Türken!«) hat sich bis heute im Sprachschatz des Südens gehalten.

(5700 Einw.). Eine Katastrophe für die Stadt und ein Schock für das gesamte christliche Abendland war die türkische Eroberung im Jahr 1480. › **Seitenblick S. 100.**

Die Altstadt

Eine lange Sandbucht führt zur anmutigen Altstadt, die auf einem kleinen Kap über dem Fischerhafen liegt. Enge gepflasterte Gassen, weiße niedrige Häuser – man taucht in eine mediterrane, griechisch wirkende Welt ein.

Nach rechts geht es zur 1080 begonnenen romanischen **Kathedrale** mit dem berühmten gewaltigen Fußbodenmosaik, das zu den größten Arbeiten dieser Art gehört und außerdem hervorragend erhalten ist. Es nimmt das gesamte Mittelschiff sowie den Chor und Teile der Seitenschiffe der Kathedrale ein und zeigt einen Lebensbaum (von der Schöpfung bis zum Jüngsten Gericht). Die Bilder aus dem 12. Jh. erzählen biblische Geschichten und mythologische Begebenheiten, umfassen einen Ritterzyklus und die Monatsarbeiten. Die Bilder wirken stilistisch zuweilen ein wenig ungelenk, sind jedoch thematisch außergewöhnlich.

Die Krypta einen Stock tiefer ist die erste Hallenkrypta Apuliens – ein Säulenwald mit bemerkenswerten Kapitellen.

Gepflegte Gässchen führen zum **Kastell,** 1485–1498 von Alfons V. von Aragon errichtet. Die dicken Mauern, der tiefe Graben, die drei Rundbastionen und die vierte, später angebaute Lanzenbastion entsprangen der Angst vor einem erneuten Angriff der Türken. Zentrum der Altstadt ist die belebte **Piazza del Popolo.**

Am schönsten badet man an den wunderschönen Sandstränden nordwestlich der Stadt bei den **Alimini-Seen** und in der traumhaft schönen Bucht **Torre dell'Orso.**

Bodenmosaik im Dom

Verkehr

Im Sommer verkehren Shuttlebusse zu den Stränden nördlich von Otranto.

Hotels

Rosa Antico €€–€€€
Rosafarbene Villa des 16. Jhs. im Orangenhain, stilvolle Zimmer.
• An der SS 16, km 1 | 73028 Otranto
Tel. 08 36 80 15 63
www.hotelrosaantico.it

Blumare Club Village €€–€€€
Wunderschöne Apartmentanlage, zwei Swimmingpools; ein Shuttlebus verkehrt zum 600 m entfernt gelegenen Sandstrand.

- Ortsteil Frassanito (bei den Laghi Alimini) | 73028 Otranto
  Tel. 08 36 80 30 27
  www.blumarevillage.it

Restaurant

Da Sergio €€
Exzellente Fischküche, angefangen bei den Antipasti, sowie hausgemachte Desserts. Im Winter Mi geschl.
- Corso Garibaldi 9 | 73028 Otranto
  Tel. 08 36 80 14 08

Shopping

An der Bummelmeile Otrantos, dem Corso Garibaldi, lassen sich Glasbläser und Pappmascheekünstler bei der Arbeit zuschauen, Souvenir- und Lebensmittelgeschäfte bieten salentinische Spezialitäten an.

Der Palazzo Sticchi im maurischen Stil in Santa Cesarea Terme

Ausflüge von Otranto

Santa Cesarea Terme und Castro Marina

Romantisch zwischen Felsen und Meer liegt der kleine Ort **Santa Cesarea Terme** 15 [F3] (3050 Einw.). Die haushohen Wände eines Steinbruchs am Wasser bilden zusammen mit der Kuppel einer orientalisch angehauchten Villa den Blickfang in dem netten Bade- und Thermalort. Wer ein paar Schritte den Hügel hinaufsteigt, genießt eine grandiose Aussicht über die ganze Küstenlinie.

Das freundliche **Castro Marina** 16 [F3] lädt zu einer Badepause ein. Erfrischend ist der Sprung ins glasklare Wasser. Oberhalb der Küste liegt in 90 m Höhe das alte Bergdorf **Castro**. Es wird von einem spanischen Kastell bewacht, ganz in der Nähe befindet sich auch die ehemalige Kathedrale aus dem 12. Jh. Die Aussicht reicht von der Terrasse hinter der Festung bis nach Santa Maria di Leuca.

Die Perle unter den Grotten dieses Küstenabschnitts ist die **Grotta Zinzulusa** (4,5 km südlich). Wie eine Theaterbühne öffnet sich der Eingang, wo die namengebenden *zinzuli* (»Fransen«) herabhängen. Im Lauf der Jahrhunderte entstanden die imposanten Stalagmiten und Stalaktiten in dem 135 m langen Gang, der bis zum sogenannten Dom, einer großen Halle, führt (Juli/Aug. tgl. 9.30–19, Juni, Sept. bis 18.30, sonst 10–16 Uhr).

Karte S. 104

Lecce **Südapulien**

Hotel
Macchia di Pele €–€€
B&B in altem Steinhaus direkt über dem Meer, Terrasse mit großartigem Ausblick.
• An der Küstenstraße zwischen Castro und Santa Cesarea Terme
Tel. 08 36 97 91 07
www.macchiadipele.it

Lecce 17 8 [E/F2]

Ein festliches Barockensemble in honigfarbenem Tuffstein – so präsentiert sich die Provinzhauptstadt (93 300 Einw.) auf dem Absatz des italienischen Stiefels. Zwischen 1550 und 1750 erlebte die Metropole des Salento eine wirtschaftliche und künstlerische Blütezeit, aus der die Altstadt völlig verwandelt hervorging – Lecce bekam über 20 neue Kirchen, zehn Klöster, Schulen, Seminargebäude und Hospitäler. So erwartet heute ein geschlossenes Ensemble typischer Lecceser Barockarchitektur die Besucher. »Das Florenz des Südens«, wie die Italiener Lecce nennen, ist immer noch wohlhabend und besitzt dank seiner Universität auch eine recht lebhafte Atmosphäre.

Piazza Sant'Oronzo

Zentrum von Lecce ist seit der Antike die belebte Piazza Sant'Oronzo mit der 5 m hohen Statue des Stadtheiligen. Er schaut von der ehemaligen Endsäule der Via Appia › S. 84 herab, die Einwohner Brindisis hatten sie Lecce nach einem Ausbruch der Pest geschenkt. Versammlungsort der Führungsschicht war der Ende des 16. Jhs. errichtete **Palazzo**

In Lecces Gassen lohnt der Blick nach oben

del Sedile A. Aus Rücksicht auf andere Gebäude wurde das römische **Amphitheater** B (2. Jh.) nur zur Hälfte freigelegt. Es fasste einst 20 000 Zuschauer. Das älteste Café der Stadt ist das **Alvino** an der Piazza Sant'Oronzo. Hier gibt es leckere süße Teilchen. Im Caffè **Tito Schipa** sollte man einen Aperitif trinken – und dazu delikate Häppchen kosten.

Sant'Irene C

Die Hauptflaniermeile von Lecce, die Via Vittorio Emanuele II, führt von der Piazza Sant'Oronzo direkt auf die festliche Fassade der 1591–1639 errichteten Theatinerkirche Sant'Irene zu. Die klare architektonische Struktur weist noch in die Renaissance, die verspielte Dekoration in die Barockzeit. Im hohen, hellen Innenraum der Kirche kommen die prachtvollen **Altäre** mit ihren gewundenen, von Pflanzendekor umrankten Säulen gut zur Geltung. Im September und Oktober werden beim ❗ alljährlichen Orgelmusikfestival in den Kirchen von Lecce und der Provinz sämtliche Register gezogen.

Piazza del Duomo

Wie eine Theaterkulisse öffnet sich die Piazza del Duomo dem Blick. Das barocke Ensemble mit Campanile, Dom, Bischofspalast und Seminargebäude erscheint wie aus einem Stück gegossen. Bedeutende Meister des Lecceser Barock haben hier mitgearbeitet.

Dom Sant'Oronzo D

Von der prächtigen und verspielten **Schauwand** des Doms herab grüßt

- A Palazzo del Sedile
- B Amphitheater
- C Sant'Irene
- D Dom Sant'Oronzo
- E Bischofspalast
- F Palazzo del Seminario
- G Chiesa del Rosario
- H Teatro Romano
- I San Matteo
- J Museo Provinciale
- K Castello
- L Palazzo del Governo
- M Basilica Santa Croce

der hl. Oronzo. Mit Rücksicht auf die Gesamtanlage hat man die Nordfront zur Hauptfassade erhoben. Das dreischiffige Innere wirkt zwar etwas protzig, doch überzeugen viele Details durch ihre feine Ausführung. So faszinieren z. B. die detailreichen **Altäre** mit gedrehten Säulen, Pflanzendekor und Engelsköpfen. Die große Tradition apulischer Krippen wahrt die Skulpturengruppe des gebürtigen Leccesers Gabriele Riccardi in der zweiten Kapelle links.

Paläste an der Piazza

Neben dem Dom steht der 1632 wieder aufgebaute **Bischofspalast** **E** mit der eleganten Loggia. Den angrenzenden **Palazzo del Seminario** **F** schuf 1694–1709 Giuseppe Cino, ein führender Architekt des Spätbarock. Im Innenhof steht ein hübscher Brunnen.

Chiesa del Rosario **G**

Noch mehr Barockes findet man in der Via Libertini, die ganz im Westen die **Porta Rudiae** von 1703 abschließt. Die **Fassade der Chiesa del Rosario** wirkt mit dem in Stein gehauenen Buschwerk fast wie ein Gemälde. Giuseppe Zimbalo (1620 bis 1710) schuf hier sein letztes Meisterwerk. Die Schaufront verbirgt einen achteckigen **Innenraum** mit vier Kreuzarmen.

Vom Dom nach San Matteo

Südöstlich des Domplatzes legte man das **Teatro Romano** **H** frei, das bislang einzige in Apulien entdeckte

Von der barocken Schauwand des Doms blickt der hl. Oronzo herab

römische Theater. Es bot einst rund 5000 Menschen Platz. Das Theater ist jederzeit frei einsehbar.

Mehrere der für Lecce typischen Barockpaläste flankieren den Weg zur Kirche **San Matteo** **I**. Erst beim genauen Hinsehen erkennt man die Raffinesse der Fassade. Ein Gesims teilt sie in zwei unterschiedlich geschwungene Geschosse.

SEITENBLICK

Figuren aus Pappmaschee
Lecce ist die Stadt der *cartapesta*, der Pappmascheefiguren, die auch ein ideales Mitbringsel sind. Erhältlich sind sie z. B. bei **Terracotta e Cartapesta**, Piazzetta Riccardi 6, Tel. 08 32 33 10 70. Eine der besten Werkstätten, die noch das Ambiente des 19. Jhs. besitzt, leitet **Mario Di Donfrancesco**, Via D'Amelio 1, www.didonfrancesco.it.

Südapulien Lecce Karte S. 104

Museo Provinciale ⓙ

Eine Abteilung des Provinzmuseums Sigismondo Castromediano informiert über die Frühgeschichte bis zu den Messapiern: Neben Keramik und Münzen sind die noch farbigen **Türflügel** eines messapischen Grabmals aus Lecce zu sehen. Die lebensgroßen antiken Statuen stammen aus dem Amphitheater. In der Gemäldesammlung befinden sich u. a. zwei bemerkenswerte Polyptichen von 1380 und 1463 (Mo–Sa 9–19.30, So, Fei nur 9–13.30 Uhr; Eintritt frei).

!Erstklassig

Gratis entdecken

- Jeden ersten Sonntag im Monat sind Apuliens **staatliche Museen und Ausgrabungsstätten** kostenlos zugänglich – dank einer neuen Initiative der italienischen Regierung.
- Bei freiem Eintritt zeigt das **Museo Nazionale Jatta** eine der ungewöhnlichsten archäologischen Sammlungen Apuliens. › S. 76
- Die Besichtigung des kleinen Weinmuseums im **Consorzio Produttori Vini** in Manduria mit alten Fasskutschen, Pressen und Fotos ist gratis, die großartigen Weine leider nicht. › S. 95
- Gemälde aus der Barockzeit (darunter von Mattia Preti, Pietro Negroni und Luca Giordano) kann man im umfassend restaurierten **Palazzo Arnone** in Cosenza ohne Eintritt bestaunen. › S. 130

Vom Kastell in die nördliche Altstadt

Abweisend wirkt das mächtige **Castello** ⓚ, das Kaiser Karl V. im 16. Jh. gegen die Türken errichten ließ; es beherbergt seit 2010 das **Museo della Cartapesta** (tgl. 9–13, 16.30 bis 20.30 Uhr; Eintritt frei).

Der nahe Stadtpark lädt im Sommer zu einer Pause ein. Gleich nebenan liegt der berühmteste Barockkomplex Lecces, das ehemalige Zölestinerkloster. Es besteht aus einstigen Konventsgebäuden, heute als **Palazzo del Governo** ⓛ Sitz der Provinzregierung, und der **Basilica Santa Croce** ⓜ. Ihre Schauseite folgt der klaren Struktur von Renaissancefassaden, kombiniert mit überreicher Barockdekoration. Originell die Menschen- und Tierfiguren, die den Balkon stützen.

Info

Ufficio Turistico
Vermittelt Führungen auf Deutsch.
- Via Monte San Michele 20
  73100 Lecce | Tel. 08 32 31 41 17
  www.pugliaturismo.com

InfoPoint Castello Carlo V
- im Castello | 73100 Lecce
  Tel. 08 32 24 65 17

Hotels
President €€–€€€
Modernes, auf Geschäftsreisende ausgerichtetes Hotel im Shoppingviertel Mazzini, in der Nähe des Castello; klassisch-elegante Einrichtung.
- Via Salandra 6 | 73100 Lecce
  Tel. 08 32 45 61 11
  www.hotelpresidentlecce.it

Karte S. 92

Santa Maria di Cerrate **Südapulien**

Cappello €€
Kleines hübsches Hotel, in Bahnhofsnähe und dennoch ruhig, eigene Garage.
- Via Montegrappa 4 | 73100 Lecce
  Tel. 08 32 30 88 81
  www.hotelcappello.it

Restaurants
Cucina Casareccia €€
Das Lokal gilt als Tempel der typischen Lecceser Hausmannskost. Nur 12 Tische, also unbedingt vorab reservieren!
So abends und Mo geschl.
- Via Colonello Costadura 19
  73100 Lecce | Tel. 08 32 24 51 78

Osteria degli Spiriti €€
Fantasievolle Salentiner Küche, serviert unter alten Gewölben. So abends, Mo mittags geschl.
- Via Battisti 4 | 73100 Lecce
  Tel. 08 32 24 62 74

300mila €€
Schicke neue Bar, großartige Cocktails, üppige Whiskyauswahl. Tgl. 9–22 Uhr.
50 Dinge (18) › S. 14.
- Via Centoquarantesimo Reggimento Fanteria 11 | 73100 Lecce
  Tel. 08 32 27 99 90
  www.abitalecce.it

Shopping
Casa dell'Artigianato Leccese
Erstklassiges aus Pappmaschee, Lecceser Stein und Terrakotta.
- Via Matteotti 20 | 73100 Lecce
  www.artigianatoleccese.com

Consorzio Artigiani della Provincia di Lecce
Adresse für hochwertiges regionales Kunsthandwerk.
- Via Francesco Rubichi 21 | 73100 Lecce
  www.mostrartigianato.le.it

Santa Maria di Cerrate 18 [E2]

Das Kloster 15 km nördlich von Lecce bietet mittelalterliche Kunst sowie ein Volkskundemuseum, das sogar für Kinder zum Erlebnis wird. Einsam erhebt es sich in der weiten Landschaft zwischen Squinzano und der Adria. Inmitten der stimmungsvollen Anlage steht die romanische **Kirche,** die Tankred von Lecce errichten ließ, nachdem ihm laut einer Legende auf der Jagd die Madonna im Geweih eines Hirsches erschienen war. Der äußerste Bogen um das Portal zeigt Szenen aus dem Neuen Testament.

In den Nebengebäuden gibt das **Museo delle Arti e delle Tradizioni popolari del Salento** Einblick in die traditionelle Kultur des Salento; einer neuer Saal ist der byzantinischen Kultur gewidmet (Mi–So 9.30–13.30 Uhr, Eintritt frei).

Portalbogen von Santa Maria di Cerrate

BASILIKATA

Kleine Inspiration

- **In Rionero in Vulture** den feurigen Aglianico probieren › S. 113
- **Einen Ausflug zu den herrlich gelegenen** Laghi di Monticcio am Monte Vulture machen › S. 114
- **Auf einer Wanderung** die bizarre Felslandschaft der Lukanischen Dolomiten erkunden › S. 117
- **In Metaponto** antike Baukunst bewundern › S. 119

Karte S. 110

Tour 8 | 9 **Basilikata**

Wundervolle Ausblicke gehören zur Hauptattraktion dieses weiten hügeligen Landes, das die über 2000 m hohen Berge des Pollino-Massivs im Süden fast unüberwindbar zu Kalabrien hin abschließen.

In der dünn besiedelten, noch weitgehend unbekannten Basilikata lassen sich ursprüngliche Städtchen entdecken, die ihre sehenswerten Kulturschätze aus der Antike und dem Mittelalter stolz präsentieren. Die Normannen und Friedrich II. haben dem Gebiet zwischen dem Monte Vulture und Potenza mit ihren Burgen bis heute ihren Stempel aufgedrückt. Folge der einst großen Abgeschiedenheit und Armut ist eine oftmals unberührte Natur, die zu Fuß oder mit dem Mountainbike erkundet werden kann, sowie eine bodenständige, auf exzellenten Wurst- und Käseprodukten basierende Küche, zu der der rote Aglianico von den Hängen des Monte Vulture hervorragend passt.

Doch auch Wasser und Strand bietet die Basilikata an ihren beiden kurzen Küstenabschnitten am Ionischen und Tyrrhenischen Meer.

Touren in der Region

Am Monte Vulture

Route: Melfi › Monte Vulture › Rionero in Vulture › Venosa

Karte: Seite 110
Länge: 3 Tage, 80 km
Praktische Hinweise:
• Für diese Tour brauchen Sie ein Auto.

Tour-Start:

Tag 1: In der Altstadt von **Melfi** **1** › S. 112 folgt man den Spuren Friedrichs II. hinauf zum mächtigen Kastell. **Tag 2:** Es geht hinein in die dichten Wälder des erloschenen Vulkans **Monte Vulture** **3** › S. 114. In zwei Kratern liegen die intensiv grün leuchtenden romantischen kleinen Seen **Laghi di Monticchio**. In diesem grünen Waldgürtel wandert man ungestört auf ausgeschilderten Wegen. Schon der in Venosa geborene Horaz rühmte den hervorragenden Wein, der zu Füßen des Berges gedeiht. In den Weinkellern in **Rionero** **2** › S. 113 kann man sich selbst davon überzeugen. **Tag 3:** Es geht hinunter nach **Venosa** **4** › S. 115. Die unvollendete Kirche Santa Trinità zeigt den Größenwahn normannischer Herrscher, man bewundert antike Ausgrabungen und ein freundliches Stadtzentrum um das Renaissancekastell.

Materas historische Altstadt

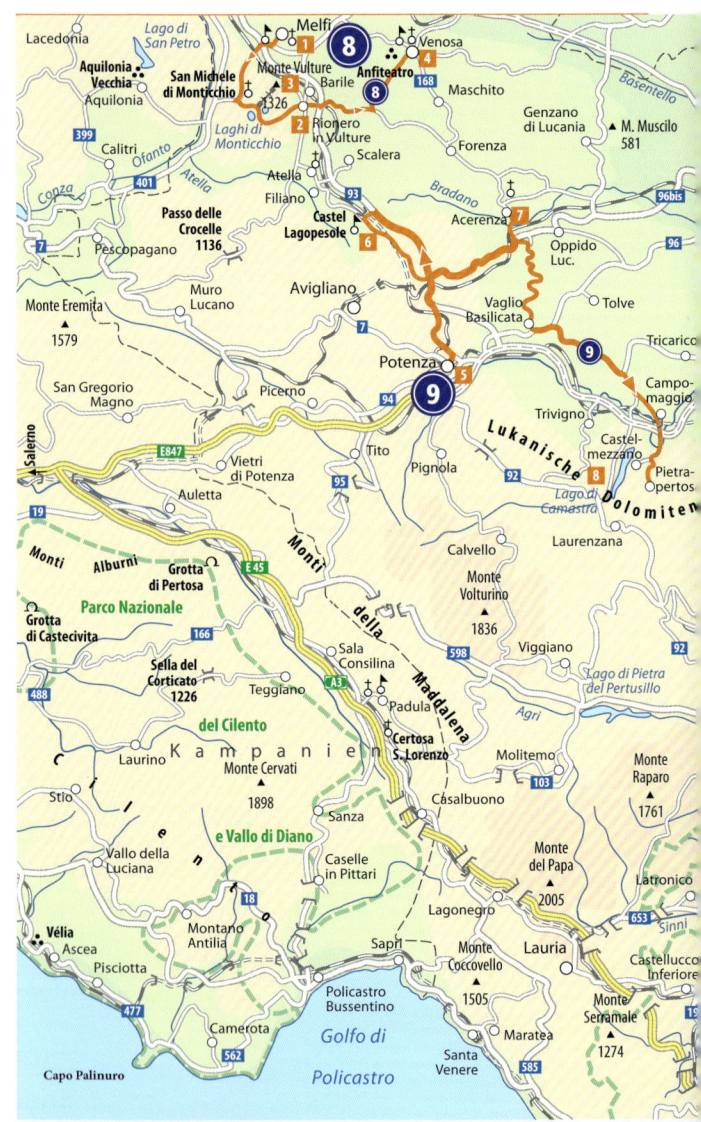

Touren in der Basilikata

Tour 8 Am Vulkan Monte Vulture

Melfi › Monte Vulture › Rionero in Vulture › Venosa

Tour 8 | 9 **Basilikata**

Tour 9 Im Zentrum der Basilikata
Potenza › Lagopesole › Acerenza › Vaglio Basilicata › Lukanische Dolomiten

Im Zentrum der Basilikata

Route: Potenza › Lagopesole › Acerenza › Vaglio Basilicata › Lukanische Dolomiten

Karte: Seite 110
Länge: 3 Tage, 165 km
Praktische Hinweise:
- Viele Straßen sind sehr kurvenreich, etwa die Anfahrten nach Acerenza und Vaglio Basilicata!
- Auf 1000 m Höhe kann es auch im Hochsommer frisch sein. Deshalb: Pullover einpacken!

Tour-Start:

Tag 1: Besichtigung der modernen Universitäts- und Regionalhauptstadt **Potenza** 5 › S. 116 mit sehenswertem archäologischem Museum.

Tag 2: Hügelauf, hügelab führen die Straßen durch grünes Land nach **Lagopesole** 6 › S. 116 mit seiner alles überragenden Burg. Noch großartiger ist der Ausblick von dem auf 833 m Höhe liegenden **Acerenza** 7 › S. 116 mit seiner Kathedrale.

Tag 3: Wer Kurven und Panoramen liebt, fährt über einen 981 m hohen Pass weiter nach **Vaglio Basilicata** [c2] mit imposanten Mauern der antiken Lukanier auf 1000 m Höhe und grandiosem Rundblick, sonst auf der SS 93 über Potenza. Auf der Schnellstraße Potenza – Metaponto oder langsam und gemütlich auf der Landstraße über Campomaggiore erreicht man die **Lukanischen Dolomiten** 8 › S. 117. Bizarre Felsformationen, Wanderwege und die Abenteuerattraktion schlechthin, der Flug am Stahlseil über die Schlucht zwischen den beiden unter den Felsen klebenden Orten **Castelmezzano** und **Pietrapertosa**, lohnen die sehr kurvenreiche Anfahrt hinauf auf 1000 m Höhe.

Verkehrsmittel

Von Potenza über Lagopesole nach Melfi (mit Umsteigen auch nach Venosa) fährt ein Bummelzug (www.trenitalia.com). Ein Auto bringt Sie am bequemsten in die kleineren Orte. Busse fahren viele Orte an (Übersicht unter www.sitasudtrasporti.it, weiter unter »Orari« und »Basilicata«; oder unter www.fal-srl.it, weiter unter »Linee e Mezzi«).

Unterwegs in der Basilikata

Melfi 1 [b1]

Überragt von einem mächtigen Kastell, erstreckt sich das Städtchen (17 500 Einw.) auf einem Vulkanhügel. Im 11. Jh. eroberten zwölf normannische Grafen das byzantinische Melfi und erkoren es zur vorläufigen Hauptstadt. Heute zählen die Fiat-Werke zu den seltenen Beispielen einer gelungenen Industrieansiedlung im Süden.

Bräunliche niedrige Häuser schmiegen sich an den Hügel, der

Melfi, Rionero in Vulture **Basilikata**

von dem schlanken Campanile des normannischen **Doms** dominiert wird. Er ist eines der wenigen Bauwerke, die die verheerenden Erdbeben im Vulturegebiet von 1851 und 1930 überstanden haben. Der viereckige, 49 m hohe Turm stammt aus der ersten Bauzeit der Kathedrale um die Mitte des 12. Jhs. Später wurden die aufwendige Barockfassade und die Kassettendecke im Innenraum hinzugefügt.

Majestätisch gibt sich das ursprünglich normannische, bis ins 18. Jh. ständig umgebaute **Kastell** oberhalb der Stadt. Acht Türme verstärken den Mauerring, der einen palastartigen Innenbau umschließt. Er beherbergt heute u. a. das sehenswerte **Museo Archeologico Nazionale**. Aus der Menge der ausgestellten Funde sticht ein eindrucksvoller, in Kleinasien gearbeiteter Sarkophag (2. Jh.) mit der Liegefigur einer unbekannten Verstorbenen heraus (Mo 14–20, Di–So 9–20 Uhr).

Hotel
Albergo Il Tetto €
Gemütliches neues Hotel im alten Gemäuer eines ehemaligen Priesterseminars, bei der Kathedrale.
- Piazza IV Novembre | 85025 Melfi
  Tel. 09 72 23 68 37
  www.albergoiltetto.com

Restaurant
Vaddone €€
Ristorante mit Flair und guter Hausmannskost, die man im Sommer im Freien genießt. Mo abends geschl.
- Contrada San Abruzzese
  85025 Melfi | Tel. 0 97 22 43 23

Rionero in Vulture 2 [b1]

In dem Weinbauort (13 500 Einw.) war der berühmteste Brigant der Gegend, Carmine Crocco, zu Hause › S. 114. Heute kennt man Rionero und seinen Nachbarort **Barile** vor allem wegen der exzellenten Rotweine, die hier aus der 2500 Jahre alten Rebsorte *Aglianico* gekeltert werden. Gute Adressen für den Weinkauf sind u. a. Cantine del Notaio (Via Roma 159) und Cantina sociale del Vulture (Via San Francesco).

Alljährlich im Herbst lockt das beliebte **Weinfest Aglianica** mit typischen Produkten des Vulture-Gebiets und Kulturevents (genauer Termin unter www.aglianica.it).

Der Esel als Lasttier gehört noch immer zum Ortsbild

Basilikata — Rionero in Vulture, Monte Vulture

Hotel/Restaurant
La Pergola €€
Sehr freundlicher Familienbetrieb mit großen, hellen Zimmern und empfehlenswertem Restaurant (hausgemachte Nudeln, lukanische Spezialitäten).
- Via Luigi La Vista 27/33
  85028 Rionero in Vulture
  Tel. 09 72 72 18 19
  www.hotelristorantelapergola.it

Shopping
Pasticceria Libutti
Seit 1850 werden hier herrlich süße Verführungen feilgeboten. Eine Besonderheit: Süßigkeiten aus Kastanien.
- Via Garibaldi 25
  85028 Rionero in Vulture
  www.pasticcerialibutti.it

Ausflug zum Monte Vulture 3 ⭐ [b1]

Über dem Atella-Tal erhebt sich weithin sichtbar der erloschene Vulkan Monte Vulture mit seinen Gipfeln, dem Vulture (1326 m) und dem Pizzuto di San Michele (1262 m). Von Rionero führt eine Straße hinauf, das Panorama reicht an klaren Tagen bis zum Tavoliere.

Eine andere Strecke verläuft südlich der Gipfel zu den grünlich im Sonnenlicht glitzernden **Laghi di Monticchio.** Die Kraterseen liegen in dichtem Laubwald.

Eine wunderschöne Wanderung führt durch den Wald hinauf zur

SEITENBLICK
Briganten
Tollkühn und abenteuerlustig, mit feurigem Blick, wildem Bart und in einen weiten Mantel gehüllt – so hätte man sie gerne, die süditalienischen Briganten des 19. Jhs. Doch der Realität entspricht dieses romantische Klischee leider nicht so ganz. Die meisten Männer *und* Frauen schlossen sich nämlich nicht freiwillig den Räuberbanden an, sondern schlicht um der ärgsten materiellen Not zu entgehen. Eine völlig fehlgeschlagene Bodenreform unter der französischen Besatzung 1806 führte letztlich nur zu einer Vergrößerung der Latifundien und nicht zu einer gerechteren Landverteilung. Die anhaltende Armut der Bauern, drakonische Strafen für schon kleinste Vergehen und die neuen Steuern nach der italienischen Einigung 1860 zwangen viele Menschen in die Illegalität. Charismatische Anführer wie Ninco Nanco aus Avigliano oder Carmine Crocco (1829–1905) aus Rionero in Vulture versammelten zeitweilig bis zu 2500 Leute um sich. Raubend und plündernd zogen sie von Apulien bis Kampanien. Ihre Rückzugsgebiete lagen in den damals noch ausgedehnten Wäldern im Herzen der Basilikata. Ein massives Armeeaufgebot des neuen italienischen Staates konnte den von beiden Seiten schonungslos geführten Krieg, bei dem über 5000 Briganten standrechtlich erschossen wurden, 1865 beenden.

Der 1947 in Melfi geborene Schriftsteller Raffaele Nigro beschreibt das Brigantentum in seinem Familienepos »I fuochi del Basento« (»Die Feuer am Basento«) auf eindrucksvolle Weise.

Karte S. 110

Venosa **Basilikata**

sehenswerten **Abteikirche San Michele** [a/b1] unweit der Seilbahnstation auf den Vulture.

Venosa 4 ⭐ [b1]

Das Städtchen (12 050 Einw.) ist ein wahres Kleinod in einer ausgedehnten Ebene mit Getreidefeldern am gleichnamigen Flüsschen. Frühgeschichtliche Funde aus dieser Gegend bestücken heute Museen in ganz Italien. Anfang des 3. Jhs. v. Chr. eroberten die Römer das antike Venusia, das dank seiner günstigen Lage an der Via Appia rasch aufblühte. Die Stadt, in der 65 v. Chr. der Dichter Horaz geboren wurde, erhielt ein Amphitheater und Thermen.

Kulissenhaft öffnet sich das Halbrund der Piazza Umberto I mit einladenden Bars und Cafés unter den Arkaden. Herzog Pirro del Balzo Orsini ließ 1470 jenseits des breiten Grabens die Kathedrale abreißen, um Platz für sein **Kastell** zu schaffen. Es beherbergt das Museo Archeologico Nazionale mit den am Ort verbliebenen Funden sowie einem Lapidarium mit lateinischen und hebräischen Inschriftenstelen – seit der Spätantike hatte Venosa eine große jüdische Kolonie (Mo, Mi–So 9–20, Di 14–20 Uhr).

Einst reihten sich die Häuser entlang der Via Appia, heute führt der Corso Vittorio Emanuele II durch die Altstadt zur neuen Kathedrale. Nach der Zerstörung des alten Doms ließ Herzog Pirro mit dem Bau einer neuen **Bischofskirche** beginnen.

Man folgt dem Corso und der Beschilderung **Casa di Orazio** zu den Grundmauern eines römischen Hauses nahe dem Rathaus: Hier wurde angeblich der Dichter Horaz geboren.

In der **Archäologischen Zone** sind die Reste der römischen Thermen, des Amphitheaters, eines Baptisteriums aus dem 5. Jh. und das bedeutendste Bauwerk Venosas zu sehen: die kurz nach 1059 unter Herzog Robert Guiscard geweihte Abteikirche **Santa Trinità**. Fresken mildern die romanische Strenge der Grablege der Familie Hauteville – ihr entstammte das spätere normannische Königshaus.

Unter dieser Kirche kamen bei Grabungen eine frühchristliche Basilika mit wunderschönen Mosaikböden und eine Krypta zutage. Um 1100 begannen die Mönche dieses ältesten normannischen Klosters in Süditalien den Erweiterungsbau, der sich jedoch als zu groß erwies. Die Säulen ragen ins Leere, nur der Himmel überdacht die noch erhaltenen Außenmauern (Grabungsgelände tgl. außer Di 9–13.30 Uhr; Kirche tgl. vormittags geöffnet).

Hotel

Hotel Orazio €€
Palazzo aus dem 15. Jh. im Zentrum Venosas, modern eingerichtete Zimmer. Garten mit Panoramaterrasse, Weinkeller und Restaurant Al Baliaggio mit lukanischen Spezialitäten.
- Corso Vittorio Emanuele II 142
  85029 Venosa
  Tel. 097 23 11 35
  www.hotelorazio.it

Potenza 5 [b2]

Potenza (67 400 Einw.) ist die moderne Hauptstadt der Basilikata. Bei dem Erdbeben von 1980 wurde ein großer Teil der Altstadt zerstört, sodass heute eigentlich nur noch die Flaniermeile Via Pretoria und die an der Piazza Pagano gelegene Kirche San Francesco einen Besuch lohnen.

Sehenswert sind die Sammlungen des **Archäologischen Museums.** In seinen Räumen werden Exponate aus allen Epochen der Basilikata-Frühgeschichte und des Altertums präsentiert (Di–Sa 9–10 Uhr).

Info
APT
- Via del Gallitello 89
  85100 Potenza | Tel. 09 71 50 76 11
  www.discover-basilikata.de

Hotel
Al Convento €€
Historisches Ambiente, kombiniert mit modernem Design, ❗ sehr originelle Zimmer, Garage.
- Vicolo San Michele Arcangelo 21
  85100 Potenza
  Tel. 32 98 16 95 79 | 34 83 30 76 93
  www.alconventopotenza.it

Restaurant
Frankrizzuti-Cucina del Sud €€€
Frank Rizzuti verbindet die Küche des Südens in der Gourmet-Version mit der lukanischen Tradition. Terrasse und exzellente Weine, bezahlbar. Mo geschl.
- Via Potito Petrone 42 | 85100 Potenza
  Tel. 32 06 66 56 08
  www.frankrizzuti.com

Ausflüge von Potenza

Castel Lagopesole 6 [b1]

Majestätisch erhebt sich das Kastell von Lagopesole am Horizont. An der riesigen Burganlage hatten bereits die Normannen und Friedrich II. gebaut, doch wurde sie erst unter Karl I. von Anjou vollendet. Der Komplex gruppiert sich um zwei Höfe. Der kleinere, dessen Bauten bis auf den Wohnturm von den Normannen errichtet wurden, ist der ältere. Rund um den größeren Hof liegen die staufischen bzw. angevinischen Gebäude.

Der herrliche Rundblick über das weite Land zeugt noch heute von der günstigen strategischen Lage der Burg (Kasse tgl. 9.30–12.30, 16–18.30 Uhr; Info: Pro Loco Lagopesole, Tel. 0 97 18 62 51, www.castellolagopesole.com).

Restaurant
Osteria Medioevo €€
Einfache lokale Gerichte, gekonnt zubereitet in einladendem Ambiente. Nach dem Aufstieg zum Kastell sehr erholsam.
- Via Leopardi | 85021 Fraz. Lagopesole
  Tel. 34 09 00 47 47

Acerenza 7 [c1]

Einst beherrschte der Bischof der Basilika von Acerenza den größten Teil des Gebiets der Lukaner, das daher seit dem 10. Jh. den Namen Basilikata trägt. Noch heute scheint man von Acerenza aus die ganze Region übersehen zu können. Mächtig erhebt sich die romanisch-

Karte S. 110

Lukanische Dolomiten **Basilikata**

gotische **Kathedrale** am Hügel. Mit Muße sollte man sich die vielen Details an der Fassade, die romanischen Apsiden und den dreischiffigen Innenraum mit der Renaissancekrypta ansehen.

Anschließend laden die mittelalterliche Gässchen zu einem Entdeckungsspaziergang ein.

Hotel
Il Casone €€
Rustikales Haus auf dem Land mitten im Grünen; ruhige komfortable Zimmer. Das zugehörige Restaurant bietet traditionelle Gerichte und lokale Weine.
- Ortsteil Bosco San Giuliano
  85011 Acerenza
  Tel. 09 71 74 10 39

Shopping
Cantina Diomede
Einer der besten Weinkeller der Basilikata, seit 2009 unter Führung der Kellerei Diomede aus Canosa.
- Contrada Pipoli | Tel. 09 71 74 93 63
  www.cantinadiomede.it

Lukanische Dolomiten 8 [c2/3]

In die Lukanischen Dolomiten geht es kurvenreich auf gut 1000 m hinauf nach **Pietrapertosa**. Die höchstgelegene Ortschaft der Basilikata scheint eins mit dem Stein geworden zu sein. Steil ragen die kahlen Felsen in den Himmel. Die wilde Landschaft mit tiefen Schluchten und schwer erreichbaren Gipfeln ist nicht minder bizarr als die der norditalienischen Dolomiten.

Den Fels im Rücken: Castelmezzano

Ein ähnlich beeindruckendes Naturerlebnis bietet das benachbarte **Castelmezzano**. Die Häuser ducken sich unter den nackten Felswänden – ein beliebtes Ausflugsziel für Wanderer.

Info
Pro loco Pietrapertosana
- Via della Speranza 159
  85010 Pietrapertosa
  Tel. 32 08 33 78 01
  www.prolocopietrapertosa.it

Hotel
Il Frantoio €
Gemütliches kleines Hotel, das Restaurant (Di Ruhetag) bietet gute Hausmannskost.
- Via Torraca 15 | 85010 Pietrapertosa
  Tel. 09 71 98 31 90
  www.albergoristoranteilfrantoio.it

Basilikata Matera

Restaurant
Al Becco della Civetta €€
Köstliches aus ausgezeichneten Produkten – unbedingt *salsiccie e soppressate* versuchen! Auch Hotel. Di (außer Aug.) Ruhetag.
- Vicolo I Maglietta 1
  85010 Castelmezzano
  Tel. 09 71 98 62 49
  www.beccodellacivetta.it

Aktivitäten
Volo dell'Angelo › S. 147

Matera 9 [e1/2]

Die Stadt (60 600 Einw.) gehört heute zur Region Basilikata, historisch bis 1663 und kulturell war der Ort jedoch stets Teil des nur 15 km entfernt liegenden Apuliens. Im Herzen der Altstadt steht der sehenswerte **Dom** aus dem 13. Jh. mit den typischen Formen der apulischen Romanik. Im festlichen Innenraum harmoniert die überreiche Barockdekoration mit der mittelalterlichen Architektur. 2019 wird Matera Europäische Kulturhauptstadt!

Im **Museo Archeologico Nazionale Domenico Ridola** kann man beim Anblick der apulischen Keramik ins Schwärmen geraten (Via Domenico Ridola 24; tgl. 14–20 Uhr).

Sassi di Matera 10 ⭐ [e2]

Immer wieder tut sich urplötzlich ein Abgrund auf, spaltet eine Schlucht das Hügelland. Das ungewöhnlichste Zeugnis der Grottenkultur in diesen Schluchten bilden die Sassi am Rand der Altstadt von Matera (www.sassidimatera.it). Von frühgeschichtlichen Zeiten bis kurz nach dem Zweiten Weltkrieg waren die Tuffgrotten bewohnt. Besonders begehrt – wenn auch unbequem – waren derartige Behausungen in Krisenzeiten, weil sie leicht zu verteidigen waren. In den 1950er-Jahren wurden die Zustände in den Sassi zur »nationalen Schande« erklärt. Rom ließ neue Wohnungen für die damals noch 15 000 Bewohner bauen, und die Räumung begann. Die leer stehenden Höhlen zerfielen und werden seit 1967 sehr gemächlich restauriert.

Ein Spaziergang entlang der Panoramastraße unterhalb der Sassi erlaubt, sowohl den herben Reiz der tiefen **Gravina** als auch die Sassi kennenzulernen. Der **Sasso Caveoso** besteht fast vollständig aus Höhlenwohnungen, im **Sasso Baresano** gibt

Die Sassi von Matera gehören zum UNESCO-Weltkulturerbe

Karte S. 110

es dagegen auch ganz oder teilweise aufgemauerte Häuser. Unterhalb der Höhlenkirche **Santa Lucia alle Malve** vermittelt die original eingerichtete **Casa Grotta** eine Vorstellung vom früheren Alltagsleben in den Sassi (tgl. ab 10 Uhr geöffnet).

Buchtipp: Carlo Levi prangerte in seinem später auch verfilmten Roman **Christus kam nur bis Eboli** (dtv, 2003) die zum Teil katastrophalen sozialen Verhältnisse in den Sassi an.

Info
APT
- Via De Viti De Marco 9
  75100 Matera
  Tel. 08 35 33 19 83
  www.discover-basilikata.de

Ferula Viaggi-Matera Turismo
Geführte Sassi-Touren, auch auf Deutsch: Fragen Sie nach Dora!
- Via Cappelluti 34 | 75100 Matera
  Tel. 08 35 23 93 72
  www.ferulaviaggi.it

Hotels
Italia €€
Gepflegtes Hotel in der Nähe des Museo Nazionale, tolle Aussicht.
- Via Ridola 5 | 75100 Matera
  Tel. 08 35 33 35 61
  www.albergoitalia.com

Sassi Hotel €€
In einem Sasso nächtigen – mit dem Komfort des 21. Jhs. Romantisch, herrlicher Ausblick.
- Via San Giovanni Vecchio 89
  75100 Matera | Tel. 08 35 33 10 09
  www.hotelsassi.it

Restaurants
Botteghe €€–€€€
Im Sasso Barisano, exzellente Antipasti, hausgemachte Nudeln, Zicklein vom Grill. Nur abends; Mi geschl.
- Piazzetta San Pietro Barisano 22
  75100 Matera | Tel. 08 35 34 40 72

Il Terrazzino €–€€
Regionale Küche mit Blick auf die Sassi, auch Pizzeria. Di abends geschl.
- Vico San Giuseppe 7
  75100 Matera | Tel. 08 35 33 41 19

Caffè Tripoli
Köstliches Eis, beliebter Treffpunkt für einen Aperitif.
- Piazza Vittorio Veneto 17 | Matera

Metaponto [11] [f3]

Zwischen den Mündungen des Bradano und des Basento liegt Metaponto (1200 Einw.) am Ionischen Meer. Um 690 v. Chr. von Kolonisten aus Sybaris gegründet, entwickelte sich Metapontion rasch zu einem der mächtigsten Stadtstaaten in Süditalien. Direkt an der SS 106, am Ufer des Bradano, stehen die letzten 15 Säulen eines **dorischen Tempels** ⭐ aus dem 6. Jh. v. Chr.

Im modernen Metaponto (Bernalda, Borgo Metaponto) liegt das **Museo Archeologico Nazionale.** In dem architektonisch gelungenen Gebäude sind zahlreiche interessante Funde aus den Nekropolen und Heiligtümern der Stadt zu bestaunen (Mo 14–20, Di–So 9–20 Uhr).

Der **Parco Archeologico** ist ein weitläufiges Grabungsgelände, auf dem sich einst ein heiliger Bezirk –

Basilikata   Metaponto, Policoro

Dorischer Tempel in Metaponto

ein Temenos – mit mehreren Tempeln erstreckte. Der Blick fällt auf die mächtigen dorischen **Kapitelle** des Apollotempels, der um 550 v. Chr. als einer der ersten Steinbauten während der Magna Graecia (Epoche Großgriechenlands) errichtet wurde (9 Uhr bis 1 Std. vor Sonnenuntergang, aus Personalmangel unregelmäßig geöffnet, Infos unter Tel. 08 35 74 53 27; Eintritt frei).

Über die Bahngleise hinweg führt eine schnurgerade Straße zum **Lido di Metaponto**. Ein breiter, feinsandiger Strand, die attraktive Promenade, Bars und Restaurants, kleine Villen in grüner Umgebung: ein schöner Platz für erholsame Urlaubstage am Meer.

Hotel
Turismo €€
Modernes Hotel am Meer mit eigenem Strand, für einen Badeurlaub ideal, mit Tennisplatz und Restaurant. April–Sept. geöffnet.
- Viale delle Ninfe 5
  75012 Metaponto Lido
  Tel. 08 35 74 19 18
  www.hotelturismometaponto.it

Policoro 12 [e/f3/4]

In der Nähe der griechischen Städte Heraclea und Siris entstand Policoro (17 000 Einw.). In der Altstadt sind im didaktisch gut aufbereiteten **Museo Nazionale della Siritide** Funde aus den beiden Griechenstädten und dem Umland zu sehen. Paradestücke sind Grabbeigaben der Eisenzeit, feiner Bronzeschmuck, Waffen und Spielzeug. Kleine Pferdchen auf Rädern stammen aus dem 8. Jh. v. Chr. Der sogenannte Policoro-Maler war ein Meister seiner Kunst – seine Vasen gelten als exemplarisch für die Epoche. Besonders eindrucksvoll sind die Keramiken des 8./7. Jhs. v. Chr. mit geometrischen Mustern (Mo, Mi bis So 9–20, Di 14–20 Uhr).

Hinter dem Museum erstrecken sich auf einer flachen Anhöhe die Ausgrabungen von **Heraclea**. Von Policoro aus führt eine Stichstraße zum gleichnamigen **Lido**. ❗ Der breite Sandstrand liegt vor einem Pinienhain.

Hotel
Heraclea €€–€€€
Architektonisch einer Burg nachempfundenes Hotel, nur 200 m vom Strand entfernt. Mit Swimmingpool und Tennisplatz; großes Sportangebot, dazu Disco und Restaurant.
- Via Lido, km 5
  75025 Lido di Policoro
  Tel. 08 35 91 01 44
  www.hotelheraclea.com

Die Wallfahrtskirche Santa Maria dell'Isola am Strand von Tropea

KALABRIEN

Kleine Inspiration

- **Durch die Altstadt** von Cosenza bummeln › S. 129
- **Vor der Inselburg** von Le Castella baden › S. 136
- **Beim sommerlichen Jazzfestival** in Roccella Ionica mitswingen › S. 139
- **Den Postkartenblick** von Tropea auf Santa Maria dell'Isola genießen › S. 141
- **Vom Kastell in Scilla** den Sonnenuntergang beobachten › S. 143

Kalabrien Tour 10–12

Mit 800 km Küste, entzückenden Städtchen und hundertjährigen Fichtenwäldern, antiken Kunstschätzen, byzantinischen Kuppelkirchen und mittelalterlichen Festungen zeigt sich Kalabrien ausgesprochen kontrastreich.

Kleine Felsbuchten, weite Sandstrände, palmengesäumte Uferpromenaden, smaragdgrünes Wasser am Ionischen Meer und herrliche Sonnenuntergänge am Tyrrhenischen Meer: Kalabrien lockt mit seiner langen Küste. Doch das ist längst nicht alles. Schneebedeckte Gipfel noch im April, Almwiesen und Berghütten, dichte Buchen- und Kastanienwälder – immer mehr Wanderer, Rafting-Freunde und Naturgenießer entdecken die Bergwelt Kalabriens. Und natürlich locken Kunst- und Kulturschätze – von der Antike bis zum Barock. Spazieren Sie durch die verwinkelten Altstadtgassen von Cosenza, Tropea, Gerace oder Rossano, stürzen Sie sich in die Beachpartys in Copanello, Le Castella und am Capo Vaticano. Lassen Sie sich verwöhnen von der einheimischen Küche, von Fisch, von Lamm und Zicklein, von scharfen Peperoni und vom schweren, feurigen Wein.

Touren in der Region

 Im Nationalpark Sila

Route: Cosenza › Camigliatello Silano › Lago Arva › Monte Botte Donato › San Giovanni in Fiore › Lago Ampollino › Copanello/Soverato

Karte: Seite 124
Länge: 6 Tage, 285 km
Praktische Hinweise:
- Für die stellenweise kurvenreiche Tour braucht man ein Auto.
- Unerlässlich für Wanderungen: festes Schuhwerk und Pullover, auch im Sommer.
- Eine nette Schmalspurbahn verkehrt von Cosenza nach Spezzano della Sila; ein alter Dampfzug von Camigliatello nach San Nicola-Silvana Mansio nahm seinen Betrieb im Sommer 2014 wieder auf (Tel. 09 84 39 95 11, www.ferro viedellacalabria.com).

Tour-Start:
Die Tour beginnt in Kalabriens Universitätsstadt **Cosenza** 5 › S. 129, die sich vom Tal des Crati und Busenzo über die pittoreske Altstadt hinauf bis zum mächtigen Kastell zieht. Der schöne gotische Dom, die prunkvollen Barockkapellen in San

Karte S. 124

Tour 11: Am Ionischen Meer **Kalabrien**

Domenico und San Francesco d'Assisi sowie die berühmte mittelalterliche Staurothek verleihen der Stadt ihre Anziehungskraft, nicht anders als das historische Café Renzelli und das Nachtleben der Altstadt. Von Cosenza aus folgt man tags darauf dem Tal des Crati nach Norden und gelangt nach unzähligen Kurven über die hübsche Albanerstadt **San Demetrio Corone** 6 › S. 133 und das nette **Acri** zum größten Sila-See, dem **Lago di Cecita**. Der Hauptort der Sila, **Camigliatello Silano** 7 › S. 133, lädt im Winter mit schneesicheren Pisten zum Skifahren ein, von Frühjahr bis Herbst zum Wandern, Bergsteigen und Radfahren. Nach zwei Wandertagen in Camigliatello geht es südostwärts zum **Lago Arva** [i3] zu Füßen des mit 1928 m höchsten, per Auto oder Seilbahn erreichbaren Sila-Berges **Monte Botte Donato**. Kurvenreich fährt man die Heimat des Zisterzienserabtes Joachim von Fiore, das Bergstädtchen **San Giovanni in Fiore** 8 › S. 134 an, in dem die alte Webtechnik der Sila noch heute zu Hause ist. Am 5. Tag erreicht man über den einsamen **Lago Ampollino** [i3] und den Ferienort **Villaggio Mancuso** [i4] das kleine **Taverna** [i4], dessen Kirchen von dem großen Barockmaler Mattia Preti gestaltet wurden. Über die Regionalhauptstadt **Catanzaro** [i4] fährt man hinunter ans Meer, lässt den **Lido di Catanzaro** [i4] hinter sich, um an den weiten, sich von **Squillace** 15 › S. 138 bis **Copanello** und **Soverato** [i5] erstreckenden Sandstränden ins Meer zu tauchen.

Am Ionischen Meer

Route: Crotone › Melissa › Cirò Marina › Santa Severina › Capo Colonna › Le Castella

Karte: Seite 124
Länge: 1–2 Tage, 155 km
Praktische Hinweise:
• An italienischen Feiertagen und im 15. August machen auch viele Italiener Stranderlaub.

Tour-Start:

Die Tour beginnt in der Provinzhauptstadt **Crotone** 10 › S. 135, wo das Museo Archeologico mit interessanten Exponaten lockt. Auf der viel befahrenen SS 106 geht es in das wichtigste Weinbaugebiet Kalabriens, nach **Melissa** und **Cirò Marina** 11 › S. 136 zur Verkostung. Wer Lust auf viele Kurven hat, sucht sich seinen Weg über **Strongoli** und **Rocca di Neto** [j3/4] in das schöne Städtchen **Santa Severina** 9 › S. 135 mit barocker Kathedrale, byzantinischem Baptisterium und prächtigem Kastell. Am folgenden Tag führt die Strecke über Crotone zum südlichen **Capo Colonna** 14 › S. 137 mit der fotogenen letzten Säule eines Hera-Tempels. Schon hier beginnt die **Riserva Naturale Marina Capo Rizzuto** mit smaragdgrünem bis himmelblauem Wasser, ein wahres Paradies für Taucher – so wie die langen Strände um die märchenhafte Wasserburg **Le Castella** 12 › S. 136 ein Traum für Badende sind.

Kalabrien Tour 10–12

Tour 12: Von Tropea nach Süden **Kalabrien**

Von Tropea nach Süden

Route: Tropea › Capo Vaticano › Palmi › Bagnara Calabra › Scilla › Reggio di Calabria

Karte: Seite 124
Länge: 3–5 Tage, 120 km
Praktische Hinweise:
- Die besten Badeplätze finden sich um Tropea und Capo Vaticano sowie an der Costa Viola westlich von Scilla.

Tour-Start:

Die bis spät nachts belebte Altstadt, der Traumstrand und das Inselchen Santa Maria dell'Isola machen **Tropea** 19 › S. 140 zum schönsten Urlaubsort am Meer und zur Hochburg des Kalabrientourismus. Weite Sandstrände und kleine, felsige Buchten prägen das Bild um die Ferienregion **Capo Vaticano** 20 › S. 142, die ebenfalls zu einer Übernachtung einlädt. Über das nette **Nicotera** [h5] und den größten Containerhafen des Südens, **Gioia Tauro** [g5], erreicht man tags darauf **Palmi** 21 › S. 142. Am Lido liegen die bunten Fischerboote, und in den Musei Civici wird Kalabriens magische Vergangenheit lebendig. Am folgenden Tag lohnt bei klarem Wetter der Abstecher hinter Palmi hinauf auf den **Monte Sant' Elia**: Die Aussicht reicht bis weit nach Sizilien. Der lange Strand im Badeort **Bagnara Calabra** [g5/6] weicht dem steilen Felsen mit dem hübschen Kastell in **Scilla** 22 › S. 143. Wer will, legt einen Badetag ein. Über **Villa San Giovanni** [g6] erreicht man schließlich **Reggio di Calabria** 23 › S. 144. Ein Spaziergang am Lungomare mit Blick auf Sizilien ist ebenso ein Muss wie die Besichtigung der Bronzi di Riace im Museo Archeologico.

Verkehrsmittel

Mit der Küsteneisenbahn kann man Kalabrien ganz langsam einmal umrunden (www.fsitaliane.it). Wer in die Berge oder an einsame Strände möchte, braucht ein Auto. Die *Autostrada* ist wegen ihrer vielen Baustellen berühmt-berüchtigt! Zu den Regionalbuslinien zählen Federico (www.autolineefederico.it, weiter unter »orari«) und Romano (www.autolineeromano.com, weiter unter »Linee Regionali«).

Touren in Kalabrien

Tour 10   Im Nationalpark Sila
Cosenza › Camigliatello Silano › Lago Arva › Monte Botte Donato › San Giovanni in fiore › Lago Ampollino › Copanello/Soverato

Tour 11   Am Ionischen Meer
Crotone › Melissa › Cirò Marina › Santa Severina › Capo Colonna › Le Castella

Tour 12   Küstenträume – von Tropea nach Süden
Tropea › Capo Vaticano › Palmi › Bagnara Calabra › Scilla › Reggio di Calabria

Unterwegs in Kalabrien

Morano Calabro 1 [h2]

Schon bei der Anfahrt wirkt Morano, als ob ein Künstler die Häuser für ein Krippenspiel am Hügel drapiert hätte. Von den Ruinen der Normannenburg, die das Ensemble krönt, genießt man einen grandiosen Ausblick. Treppauf und treppab öffnen sich enge, steile Gässchen in der spätmittelalterlich geprägten Altstadt. Aus dieser Zeit stammt auch die Hauptkirche **San Bernardino** am Ortseingang. Am Hauptplatz erhebt sich die charakteristische, Majolika-geschmückte Kuppel der **Collegiata della Maddalena**. Der Blick auf die in Kalabrien einzigartige Holzdecke sowie den Renaissance-Flügelaltar von Bartolomeo Vivarini (in der Sakristei) lohnt. Im **Il Nibbio**, dem »Museo naturalistico«, erfreuen sich nicht nur Kinder an den ausgestellten Tieren, Fossilien und Mineralien (Vico II Annunziata 11, Juni–Anf. Sept. tgl. 10–13, 16–20, sonst 10–13, 15–18 Uhr, Tel. 34 71 98 91 23, www.ilnibbio.it).

Info

Comune
- Piazza Giovanni XXIII
  87016 Morano Calabro
  Tel. 0 98 13 10 21

Besucherzentrum Pollino-Park
- Viale Gaetano Scorza
  (bei der Kirche San Bernardino)
  www.parks.it
  (falls geschlossen: Info-Zentrale in Rotonda Tel. 09 73 66 93 11)

Hotel

Villa San Domenico €€€
Elegantes Hotel ❗ in einem Palazzo des 18. Jhs., sehr romantisch. Mit Garten und kalabresischem Restaurant.
- Via Sotto gli Olmi
  87016 Morano Calabro
  Tel. 09 81 39 98 81
  www.albergovillasandomenico.it

Restaurants

La Locanda di Alia €€€
Nur 11 km von Morano liegt die beste Locanda Kalabriens, raffinierte Küche und tolle Weinkarte; auch luxuriöse Hotelzimmer. So abends geschl.
- Via Ietticelli 55
  87012 Castrovillari
  Tel. 0 98 14 63 70 | www.alia.it

La Cantina €
In der Altstadt, traditionelle Küche wie *rascateddri* (Makkaroni-Art) mit einem Ragù aus Würsten. Mo geschl.
- Piazza Croce 21
  87016 Morano Calabro
  Tel. 0 98 13 10 34

Altomonte 2 [h2]

Flankiert von Pfirsich- und Olivenbäumen erfolgt die Anfahrt nach Altomonte, das hoch über dem Tal des Crati wacht. Hier ließ der Feudalherr Filippo Sangineto die interessanteste Kirche aus der Anjouzeit in Kalabrien errichten: **Santa Maria della Consolazione** (14. Jh.). Im einschiffigen Innenraum fällt die tiefe, helle Apsis auf. Ein Nachfolger des Toskaners Tino da Camaino schuf das großartige Grabmal des Kirchengründers. Hinter der Kirche eröffnet sich ein traumhafter Blick hinunter auf die Ebene von Sibari bis ans Meer. Vom kleinen Kreuzgang aus betritt man das sehenswerte **Museo Civico**. Der hl. Ladislaus, geschaffen von dem großen Sieneser Maler der Gotik, Simone Martini, ist zwar klein, aber fein (tgl. 9–13, 15–20, Nov.–März 9–13, 16 bis 19, So erst ab 10 Uhr).

Nachdem man durch die engen Gässchen der Altstadt geschlendert ist und das herrliche Panorama vom **Normannenturm** (falls geschl., im Museo Civico nachfragen) genossen hat, kann man sich in der Enoteca links von der Kirche abends die Weine der Region zu leckeren Speisen schmecken lassen. Besonders während des ! Festival di Altomonte (Juli–Sept.) mit Opern, Theater, Tanz, Rock und Jazz lebt das Städtchen auf.

Hotel/Restaurant
Barbieri €€–€€€
Sehr angenehmer Familienbetrieb in einem alten Palast mit schönen Zimmern, Garten und Swimmingpool. Ob Antipasti oder hausgemachte Nudeln – ! die Qualität der Gerichte hat dem Restaurant vielfach hohes Lob eingebracht!
• Via Italo Barbieri 30
 87042 Altomonte
 Tel. 09 81 94 80 72
 www.barbierigroup.it

Von der Straße öffnet sich der Blick auf Morano Calabro

Civita/Çifti 3 [i2]

1471 wurde das kleine Albanerdorf (900 Einw.) unterhalb des 1652 m hohen Timpa di San Lorenzo gegründet; in den letzten Jahren entwickelte es sich zum beliebten Ausflugsziel auch bei den Kalabresen selbst. Nette Bars, kleine Läden, Spezialitätenrestaurants und die freundliche Bevölkerung laden ein, die Kultur der kalabresischen Albaner › **S. 35** kennenzulernen. Wandern und Bergsteigen kann man von hier aus sowohl auf den Pollino hinauf als auch in der direkten Umgebung. Ein Erlebnis ist der Besuch der berühmten **Raganello-Schlucht** mit ihrer Teufelsbrücke, zu der man in 30 Min. hinuntersteigt. Nehmen Sie einen Bergführer mit, wenn Sie die **Via del Peperoncino**, einen seit

Kalabrien Civita/Çifti, Rossano

Karte
S. 124

der Antike benutzten Pfad an der steilen, Hunderte Meter abfallenden Felswand, hinauf zum Monte Demonio weitergehen möchten. Einen interessanten Einblick in die Kultur der Arbëresh (Albaner in der Diaspora) gibt das **Museo Etnico Arbëresh** an der Piazza Municipio (tgl. 17–19.45 Uhr, Tel. 0 98 17 31 50, www.museoetnicoarbresh.it).

Hotels
B&B Il Belvedere €€
Vier traditionelle, sehr elegante Zimmer in einem alten Palazzo.
- Corso Cavallotti 27 | 87010 Civita
  Tel. 0 98 17 32 32
  www.bebparcodelpollino.it

B & B Le Terrazze €
Nettes B & B im Zentrum Civitas, mit Kamin und Küche für die Gäste, Panoramaterrasse bei allen 4 Zimmern.
- Via San Martino 6 | 87010 Civita
  Tel. 34 77 67 85 13
  www.leterrazze.org

Restaurant
Kamastra €€
Authentische arbëreshe Küche, einfach und gut. Probieren Sie die interessante Suppe *drömsat*. Mi geschl.
- Piazza Municipio 4 | 87010 Civita
  Tel. 0 98 17 33 87

Rossano 4 [i/j3]

Die Stadt (36 900 Einw.) erlebte ihre Blütezeit im 8.–11. Jh. unter den Byzantinern. Das Herz der Altstadt bildet die **Piazza Santi Anargiri**. In der **Kathedrale** aus der Anjouzeit wird die Madonna Achiropita verehrt, eine byzantinische Ikone aus dem 8. Jh. Prunkstück des **Museo Diocesano di Arte Sacra** nebenan ist der spätantike Codex Purpureus Rossanensis. Er enthält griechische Texte aus zwei Evangelien mit feinen Miniaturen (Juli/Aug. tgl. 9.30 bis 13, 16.30–20, sonst Di–Sa 9.30 bis 12.30, 16–19, So, Fei 10–12, 16.30–18.30 Uhr).

Die kleine Kirche **San Marco** mit fünf Kuppeln und drei Apsiden am südöstlichen Ortsrand und die **Panaghia** in den Gässchen hinter der Kathedrale erinnern ebenfalls an die byzantinische Zeit. Unten am Lido Sant'Angelo spielt sich das Strand- und Nachtleben ab.

Einer der bedeutendsten Sakralbauten aus Kalabriens normannischer Epoche ist die 15 km westlich von Rossano gelegene Kirche **Santa Maria del Patire** (tgl. tagsüber). Von dem 1101 gegründeten Kloster blieb nur die dreischiffige Kirche mit drei außen farbig gegliederten Apsiden erhalten. Der Innenraum besitzt noch einen Mosaikfußboden mit Tiermotiven aus dem 12. Jh.

Ausgeschilderte Wanderwege laden zum Spaziergang durch Steineichenwälder ein.

Hotel
Il Giardino di Iti €€
Das Hotel in einem alten Landhaus verwöhnt seine Gäste mit geschmackvoll eingerichteten Zimmern und einem exzellenten Restaurant, das Bioprodukte verarbeitet.
- Ortsteil Amica (4,5 km südlich von Rossano Stazione, von der SS 106 Richtung Paludi)

Karte S. 131

Cosenza **Kalabrien**

Tel. 0 98 36 45 08
www.giardinoiti.it

Restaurant
Il Graticcio €€–€€€
Modernes, stilvolles Fischrestaurant im unteren Teil Rossanos, sehr gutes Preis-Leistungs-Verhältnis.
- Piazza Dante Alighieri 22
  87067 Rossano | Tel. 09 83 51 06 05
  www.ristoranteilgraticciorossano.com

Shopping
Amarelli
Rossano ist bekannt für seine Lakritzherstellung. Im Geschäft der bekanntesten Firma Amarelli (mit nettem Museum; Anmeldung notwendig) sieht man erst einmal, wie viele verschiedene Lakritzsorten existieren. **50 Dinge** ㊱ › **S. 16**.
- Contrada Amarelli (an der SS 106)
  Tel. 09 83 51 12 19 | www.amarelli.it
  www.museodellaliquirizia.it

Cosenza ❺ [h/i3]

Am Zusammenfluss von Crati und Busento, umgeben von bewaldeten Bergen, liegt Kalabriens heimliche Hauptstadt. Cosenza (67 900 Einw.), das längst mit Rende (34 700 Einw.) zusammengewachsen ist, hat sich in den letzten Jahren zu einer attraktiven Universitätsstadt mit rund 35 000 Studenten gemausert. Die Stadt besteht aus dem historischen Zentrum auf dem Pancrazio-Hügel und dem modernen Teil im breiten Flusstal des Crati. Prächtige Barockbauten, ein mächtiges Kastell und zahlreiche angenehme Kneipen laden zu einem längeren Aufenthalt in Cosenza ein.

San Domenico Ⓐ

An der Schnittstelle zwischen Alt- und Neustadt liegt der vielleicht interessanteste Klosterkomplex der Stadt. Die Gebäude des 1448 von der Familie Sanseverino gestifteten Konvents befinden sich heute in militärischem Besitz. Meist gewährt der Wachhabende den Besuchern einen Blick in den Kreuzgang; die **Kirche San Domenico** selbst ist frei zugänglich. Ihre grüne Kupferkuppel bildet eines der Wahrzeichen Cosenzas. Die Fassade ziert eine spätgotische Rosette aus der Mitte des 15. Jhs. – ein Beispiel für die Verspätung, mit der neue künstlerische Entwicklungen Kalabrien zu erreichen pflegten. Prunkstück der

In der Altstadt von Cosenza

Entlang des Corso Plebiscito locken Korbläden mit Souvenirs

Kirche ist die herrliche Barockkapelle **Oratorio del Rosario**. Der Blick schweift zur prachtvollen vergoldeten **Holzdecke** des 17. Jhs.

Elegante Geschäfte säumen den **Corso Mazzini**, die Haupteinkaufsstraße in der Neustadt. Beim Bummel bewundert man sicherlich auch die Statuen und Plastiken von Künstlern wie De Chirico, Dalì und Manzù, die in der Fußgängerzone ein einzigartiges **Museo all'aperto** bilden (www.mapcosenza.it).

San Francesco di Paola ⓑ und Santissimo Salvatore ⓒ

Gleich östlich von San Domenico fließen Crati und Busento unterhalb des Altstadthügels zusammen. Am gegenüberliegenden Ufer des Crati zeichnet sich die Silhouette der Renaissancekirche **San Francesco di Paola** ab. Der 1510 – nur drei Jahre nach dem Tod des Heiligen – errichtete Bau beherbergt ein fein geschnitztes Chorgestühl. Der Kreuzgang stammt aus der Erbauungszeit.

Direkt neben San Francesco di Paola kann man einer Messe nach griechischem Ritus beiwohnen, denn in **Santissimo Salvatore** trifft sich die albanische Gemeinde Cosenzas. Die Läden am **Corso Plebiscito** gehören traditionell den Flechtwarenhändlern, die bis heute hier ihre Ware verkaufen.

Von der gegenüberliegenden Brüstung am Crati genießt man den Blick auf die pittoreske Altstadt. Diese prägte trotz des imposanten Doms im Wesentlichen nicht das Mittelalter, sondern der Barock. Der katalanische Baustil der Hauptstadt Neapel findet sich an Portalen, Fenstern, den Eisengittern der Balkone und in majestätischen Treppenhäusern wieder.

Palazzo Arnone ⓓ

Die Pinakothek im vollständig restaurierten Palazzo (16. Jh.) zeigt vor allem Gemälde der Barockzeit. Ausdruckskraft und Wirklichkeitsnähe kennzeichnen die Werke des bedeutendsten kalabresischen Malers Mattia Preti. Viel beachtete Sonderausstellungen (Di–So 10–18 Uhr; ! Eintritt frei).

Die berühmte **Staurothek,** ein vergoldetes Reliquienkreuz, das mit farbigen Emailmedaillons und wertvollen Edelsteinen versehen ist,

Karte S. 131

Cosenza **Kalabrien**

war ein Geschenk Friedrichs II. an das Erzbistum anlässlich der Domweihe im Jahre 1222. Sie ist das Glanzstück im neuen **Museo Diocesano** im Palazzo Arcivescovado hinter dem Dom (Piazza Aulo Giano Parrasio 16, Tel. 0 98 46 87 71 71 Mo–Sa 9–13 Uhr, Eintritt frei).

Die Altstadt ★

Am **Corso Telesio** eröffneten seit 2000 neue, alternativ angehauchte Geschäfte, und auch die alten Handwerker fanden wieder Zulauf. Das anfangs aufblühende Nachtleben stagniert jedoch in den letzten Jahren erneut.

Dom E

Mitten in diesem populären Viertel erhebt sich der etwas gedrungen wirkende Dom aus dem 12. Jh. Bereits in der symmetrisch angelegten Fassade mit ihren drei gotischen Portalen und den drei Rosetten spiegelt sich die Strenge und Schlichtheit der für den Zisterzienserorden typischen Architektur wider. Den überraschend hohen dreischiffigen **Innenraum** gliedern Pfeiler mit niedrigen, fantasievoll gearbeiteten **Kapitellen**. Die erste Seitenkapelle links birgt die **Madonna del Pilerio**, eine Ikone der Stadtheiligen von Cosenza (13. Jh.). Der

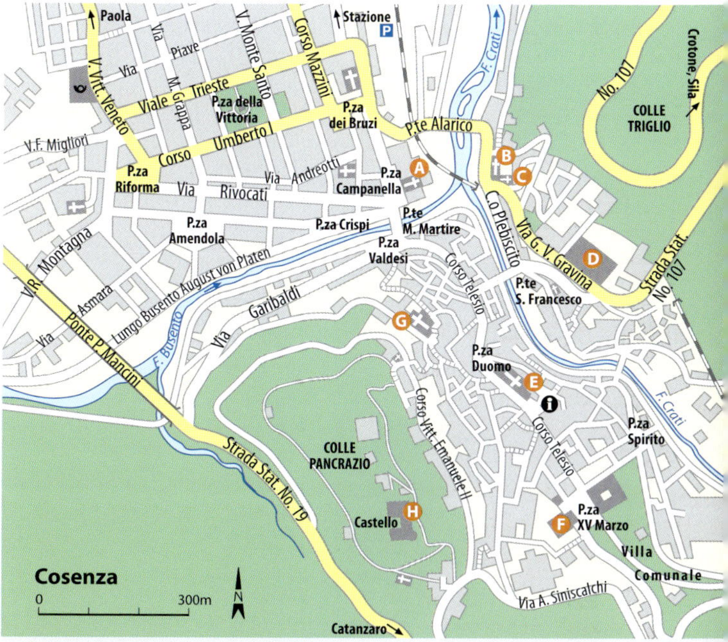

Cosenza
0   300m

- A San Domenico
- B San Francesco di Paola
- C Santissimo Salvatore
- D Palazzo Arnone
- E Dom
- F Piazza XV Marzo
- G San Francesco d'Assisi
- H Castello

Kalabrien Cosenza

Karte S. 131

plötzliche Tod Isabellas von Aragon, der Gemahlin des französischen Königs Philipp III., 1271 in Cosenza bescherte der Stadt ein gotisches Kleinod: Das **Grabdenkmal**, in dem der französische Künstler die betenden Eheleute kniend neben der Madonna abbildet, ist eines der schönsten seiner Art in ganz Kalabrien.

Hinter dem Dom bietet das älteste Café der Stadt, das stilvolle **Renzelli**, Gelegenheit zu einer Pause mit Espresso und kleinen Kaloriensünden. Einige Bars und am Abend die Pub-Pizzeria James Joyce mit lauter Musik und viel Jugend beleben die Umgebung. Der Corso Telesio endet auf der imposanten **Piazza XV Marzo** mit dem Bronzedenkmal für den von Hegel bewunderten Naturphilosophen Bernardino Telesio (1509–1588), dem 1909 eingeweihten **Teatro Rendano,** dem größten Theater Kalabriens, und dem netten Stadtpark, in dem man sich ein wenig erholen kann.

San Francesco d'Assisi und Castello

Bereits 1217, zu Lebzeiten des Franziskus, gründete einer seiner Schüler hier ein Kloster. Hinter der Fassade des 19. Jhs. verbirgt sich ein prächtiger **Barockinnenraum**. Die einstige romanisch-gotische Kirche von 1217 bildet heute das Querschiff. Im rechten Seitenschiff öffnet sich mit der barocken **Cappella di Santa Caterina** ein wahrer Augenschmaus: Vergoldete Holzschnitzereien überziehen Decke, Chorgestühl, Kanzel, Empore und Orgel. Die Gemälde mit Szenen aus dem Leben der hl. Katharina stammen von dem flämischen Maler Willem Borremans. Links hinter der Kirche liegt der Zugang zum Kreuzgang.

Der Aufstieg zum jahrhundertealten **Kastell** auf dem Pancrazio-Hügel lohnt sich auf jeden Fall. Von hier aus kann man das Panorama mit der Stadtsilhouette vor den grünen Hängen des Sila-Gebirges genießen (tgl. 8–13, 14–20 Uhr; Eintritt frei).

Stimmungsvoller Kreuzgang von San Francesco d'Assisi

Info
Provincia di Cosenza
- Piazza XV Marzo | 87100 Cosenza
  Tel. 09 84 26 80-0
  www.retemuseale.provincia.cs.it

Karte S. 124 San Demetrio Corone, Camigliatello Silano **Kalabrien**

Infobüro hinter dem Dom (bei Personalmangel geschl.)

Hotels
Royal Executive €€€
Modernes, elegantes Hotel, inklusive dem Nobelrestaurant Nabucco; am Stadtrand, Nähe Autobahn.
- Via Marconi 59
  87036 Rende
  Tel. 09 84 40 10 10 | 800 62 09 92
  www.hotelexecutivecs.it

Grisaro €
Netter Familienbetrieb in der Neustadt, ganz in der Nähe des Sila-Bahnhofs.
- Viale Trieste 38 | 87100 Cosenza
  Tel. 0 98 42 79 52
  www.hotelgrisaro.it

Restaurants
Hostaria De Mendoza €€
Palazzo aus dem 16. Jh. in der Altstadt von Rende; ausgezeichnete kalabresische Küche mit interessanten Neuerungen. So abends und Di geschl.
- Piazza degli Eroi 3 | 87036 Rende
  Tel. 09 84 44 40 22

Osteria dell'Arenella €€
In den fein restaurierten Stallungen eines Adelspalastes direkt am Crati genießt man exzellente Pasta und Fleisch vom Grill. So abends, Mo geschl.
- Largo Arenella 9 | 87100 Cosenza
  Tel. 0 98 47 65 73

Shopping
Il Salumaio
Kalabrische Wurst- und Käsespezialitäten sowie Delikatessen.
- Corso Mazzini 132
  87100 Cosenza

Specialità Calabresi
Gefüllte, mit Schokolade überzogene Feigen und *crocette di fichi* (im Ofen gebackene, gefüllte Feigen).
- Corso Mazzini 92| 87100 Cosenza

Nightlife
Bowling Quattromiglia
Nicht nur, um selbst eine Kugel zu schieben, sondern auch um nette Leute zu treffen: In der Bowling-Halle ist immer etwas los.
- Via Marconi 32a | 87036 Rende
  (Nähe Autobahnausfahrt Rende)
  Tel. 09 84 40 42 41

San Demetrio Corone 6 [i2/3]

Die mühselige Anfahrt ins Zentrum der albanischen Bevölkerungsgruppe in der einsamen Weidelandschaft der Sila Greca wird belohnt durch eine der eindrucksvollsten frühnormannischen Kirchen Kalabriens: **Sant'Adriano** mit seinen byzantinischen Fresken und erlesenen Fußbodenmosaiken. Besonders schön sind die gewundenen Schlangen.

Camigliatello Silano 7 [i3]

Auf einer bewaldeten Hochebene liegt der Hauptort der Sila, die moderne Feriensiedlung Camigliatello, die im Sommer bei Wanderern und im Winter bei Skifahrern beliebt ist. Einkaufs- und Bummelmeile ist die zentrale **Via Roma**. Brigantenfiguren, Holzarbeiten, handgewebte feine Stoffe aus dem nahen Silaort Longobuco, getrocknete Pilze und in Öl eingelegte Delikatessen zählen zu den typischen Mitbringseln. Im nahen Camigliati liegt der **Parco Old Calabria**, ein an dem englischen Reiseschriftsteller Norman Douglas inspiriertes kulturelles Zentrum, das auch über die Sila informiert.

Die **Giganti della Sila**, riesige, bis zu 350 Jahre alte Schwarzkiefern, bestaunt man 3,5 km östlich von Camigliatello im **Bosco di Fallistro** (Abzweigung an der SS 107). Gut ausgeschilderte Wanderwege finden Sie in einem der größten Waldgebiete der Sila, im wunderschönen **Bosco La Fossiata**. Viele Bäume sind hier schon 400 Jahre alt (12,5 km von Camigliatello an der SS 177 Richtung Nordosten).

Info
Pro Loco
- Via Roma 5 | Casa del Forestiero
  87052 Camigliatello Silano
  Tel. 09 84 57 81 59
  www.camigliatellosilano.eu

Parco Old Calabria
- Ortsteil Camigliati
  (2 km östl. von Camigliatello)
  Tel. 09 84 57 82 00
  www.oldcalabria.org

Hotels
Edelweiss €€–€€€
Elegantes Hotel mit Toprestaurant; auch Verkauf von schönen Sila-Produkten, z. B. Stoffen.
- Viale Stazione 15 | Camigliatello Silano
  Tel. 09 84 57 80 44
  www.hotelaquilaedelweiss.com

Torre Camigliati €€–€€€
Ruhe und Grün des Parco Old Calabria umgeben den ❗ historischen Bau mit recht feudalen Zimmern. Man schläft in alten Eisenbetten im 2. Stock oder im alten Gutsarbeiterhaus (Selbstversorgerapartments).
- Ortsteil Camigliati
  (2 km östl. von Camigliatello)
  Tel. 09 84 57 82 00
  Reservierung Tel. 0 81 66 75 99
  www.torrecamigliati.it

Shopping
La Contadina
Traditionelle Wurst- und Käsewaren nur aus Fleisch und Milch von Sila-Kühen, exzellente kalabresische Spezialitäten.
- Via Roma 146 | Camigliatello Silano
  Tel. 09 84 57 08 11

San Giovanni in Fiore 8 [i/j3]

Der Zisterziensermönch Joachim von Fiore machte die auf 1049 m Höhe liegende größte Silastadt (17 650 Einw.) bekannt. Mit seiner Lehre vom Ende der Zeiten beeinflusste der Theologe die mittelalterlichen Menschen nachhaltig. 1189 gründete er hier das berühmte **Monasterium Florense,** das unterhalb der modern geprägten Stadt steht und heute das interessante Volkskundemuseum **Museo demologico** beherbergt (Mo–Sa 8.30–18.30, Mitte Juni–Mitte Sept. auch So 9.30–12.30, 15.30–18.30 Uhr).

Die **Kirche** des Klosters präsentiert sich weitgehend barockisiert, nicht anders als die reich ausgestat-

Karte S. 124

Santa Severina, Crotone **Kalabrien**

tete **Pfarrkirche Santa Maria delle Grazie** an der langen, gewundenen Via Roma oben in der Stadt, der lebendigen Hauptader.

Hotel
New Dino's Hotel €€
Komplett erneuertes Haus, geschmackvoll eingerichtete Zimmer, auch Suiten. Restaurant mit guter lokaler und internationaler Küche.
- Viale della Repubblica 248
  87055 San Giovanni in Fiore
  Tel. 09 84 99 23 70 | www.dinoshotel.it

Restaurant
Ristoro del Brigante €
Gleich beim Kloster. Sila-Küche und Pizza. Mo geschl.
- Via Monastero 3/5
  87055 San Giovanni in Fiore

Shopping
Nuova Ditta Scuola Tappeti Caruso
Die Weberei stellt noch die traditionellen Decken *a pizzulune* mit Reliefdekor her.
- Via Gramsci 195
  87055 San Giovanni in Fiore
  Tel. 09 84 99 27 24

Santa Severina 9 [j4]

Ein Abstecher vom Ionischen Meer ins Hinterland führt hinauf in die wilde Landschaft um Santa Severina. In dem ruhigen Städtchen gruppieren sich alle Sehenswürdigkeiten rund um den Hauptplatz oder gleich nebenan: die kleine byzantinische Kirche **Santa Filomena,** die barocke Kathedrale mit dem byzantinischen **Baptisterium** und das mächtige, prachtvolle **Kastell** (tgl. 9–13, 15–18, im Sommer bis 20.30 Uhr, Mo geschl.). Der Wein des Neto-Tals, das man von Santa Severina aus überblickt, zählt zu den besten Kalabriens.

Hotel
Agriturismo Il Querceto €–€€
300 m über dem Meer liegt diese Bio-Azienda inmitten der Macchia mediterranea, Zimmer und Apartments, Pool, Bikes.
- Ortsteil Cerzeto
  (4 km von Santa Severina)
  88832 Santa Severina
  Tel. 0 96 25 14 67
  www.agriturismoilquerceto.kr.it

Restaurant
Locanda del Re €–€€
Ausgewählte Spezialitäten aus lokalen Produkten, zubereitet von Chef Ciccio höchstpersönlich.
- Discesa Paolo Orsi 6 (neben dem Castello) | 88832 Santa Severina
  Tel. 0 96 25 16 62

Crotone 10 [j4]

Die 710 v. Chr. gegründete Kolonie Kroton war eine der reichsten und mächtigsten griechischen Stadtstaaten. Heute ist Crotone (60 750 Einw.) die wichtigste Industriestadt Kalabriens und der einzige bedeutende Hafen der Region am Ionischen Meer. Die bedeutendste Sehenswürdigkeit der Stadt ist das **Museo Archeologico** (Via Risorgimento 14; Di–So 9–19.30 Uhr). Das mächtige **Kastell** errichteten die Spanier im 16. Jh. zur Sicherung der Küste gegen die Türken.

Kalabrien Crotone, Cirò Marina

An der Piazza Castello wurde im Palazzo Baracco das **MACK (Museo di Arte Contemporanea Krotone)** eingerichtet, das eine Sammlung von Werken zeitgenössischer Künstler zeigt (Mo–Fr 9.30–12.30, 15–18 Uhr). Das vom **Dom** aus dem 16. Jh. dominierte Stadtzentrum lädt mit seinen eleganten Einkaufsstraßen zum Flanieren ein.

Info
Ufficio Turistico
- Via Mario Nicoletta 28
  88900 Crotone | Tel. 09 62 95 24 04
  www.crotoneturismo.it

Hotel
Hotel Palazzo Foti €€€
Modernes Hotels am Segelhafen, komfortable Zimmer, Dachgarten.
- Via Colombo 79 | 88900 Crotone
  Tel. 09 62 90 06 08
  www.palazzofoti.it

Restaurant
Da Ercole €€€
Exzelentes Fischlokal am Lungomare mit kleiner Terrasse. So geschl.
- Viale Gramsci 122 | 88900 Crotone
  Tel. 09 62 90 14 25

Shopping
Gerardo Sacco
Bei der Fertigung seines Schmucks orientiert sich der in Crotone geborene Juwelier Gerardo Sacco an den im Museo Archeologico ausgestellten antiken Originalen. Ein Angebot, bei dem man ins Schwärmen gerät.
- Via Antonio De Curtis 2
  88900 Crotone | Tel. 0 96 22 06 61
  www.gerardosacco.it

Ausflug nach Cirò Marina 11 [j3]

Wer Lust auf ein Glas Wein verspürt, ist in Cirò Marina genau richtig. Der Ort wurde 2012 als einer von nur sechs in Kalabrien mit der blauen Flagge ausgezeichnet. Am 3 km langen Lungomare genießt man den Sommer in Strandbädern, Bars und kleinen Lokalen, die Kinder in den Karussells und Buden. Den guten Wein gibt es in der Spitzenkellerei **Librandi** (SS 106, Tel. 0 96 23 15 18, www.librandi.it), neben dem klassischen roten Cirò DOC gelungene Experimente mit der Chardonnay-Rebe, etwa den eleganten weißen Critone. Eine exzellente Cantina mit hervorragendem Cirò Bianco und Rosé ist auch die seit dem 19. Jh. bestehende Kooperative **Caparra & Siciliani** (SS 106, www.caparraesiciliani.it). Weitere Kellereien gibt es in Cirò Marina.

Restaurant
Max €€€
Salvatore Murano legt Wert auf frischen Fisch und verbindet in seinen Tortelli Schwertfischsoße mit örtlichem Käse. Im Winter Mo geschl.
- Via Pola | 88811 Cirò Marina
- Tel. 09 62 37 30 09

Le Castella 12 ★ [j4]

Zu den meistfotografierten Motiven in Kalabrien zählt die malerische Burganlage von Le Castella direkt am türkis schimmernden Meer (im Sommer tagsüber meist durchge-

Le Castella, Capo Rizzuto und Capo Colonna **Kalabrien**

hend geöffnet). Auf dem 13 000 m² großen Inselchen ließen die Aragonesen im 15. Jh. das Castello zur Abwehr der Piraten aus dem Orient errichten.

Am ❗ schönen Sandstrand nordwestlich des Eilands badet man mit herrlichem Blick auf die Inselburg.

Capo Rizzuto 13 [j4] und Capo Colonna 14 [j4]

Viele der kleinen schönen Badebuchten zwischen Le Castella und Capo Colonna in der **Riserva Marina di Capo Rizzuto** erreicht man nur mit dem Auto oder per Boot. Das wunderbar saubere, smaragdfarbene Wasser des Meeresschutzgebietes zieht Schnorchler wie Sporttaucher gleichermaßen an.

Zum Meerespark gehören auch noch das **Capo Rizzuto** mit seinem Leuchtturm an der äußersten Spitze und das **Capo Colonna**. Dort wacht eine fotogene dorische Säule, einziger erhaltener Rest des griechischen Hera-Heiligtums.

Nicht versäumen sollte man den **Parco Archeologico,** zu dem ein nettes Museum gehört (Parco tgl. 9 Uhr bis 1 Std. vor Sonnenuntergang; Museo Di–So 9–13, 15.30–19 Uhr, im Sommer länger; beide Eintritt frei). Für Kinder interessanter ist das **Aquarium** am Capo Rizzuto › **S. 27** mit seinen einladenden Sandstränden gleich daneben. Alle Orte am Meer (Le Castella, Capo Rizzuto u. a.) sind Teil der Gemeinde **Isola di Capo Rizzuto** im Landesinneren.

Die Burg von Le Castella

Info

Riserva Marina di Capo Rizzuto
Organisiert Bootsausflüge ins Meeresschutzgebiet, Vogelbeobachtung.
- Piazza Ucciali | 88841 Le Castella
  Tel. 09 62 79 56 23
  www.riservamarinacaporizzuto.it

Hotels

Club Le Castella €–€€€
Große Apartmentanlage, gut ausgestattete Zimmer, Restaurant, Disco, Privatstrand, breites Sportangebot.
- Isola di Capo Rizzuto
  Tel. 09 62 79 50 54
  www.hotellecastella.it

Villaggio Turistico Santa Monica €–€€
Apartmentanlage, auch Hotelzimmer direkt am Meer, Pool, Garten, wunderschöner weißer Sandstrand, Tauch-, Segelkurse, Mountainbikes u. a.
- 5 km von Le Castella (SS 106, km 221)
  88842 San Leonardo di Cutro
  Tel. 09 62 77 61 05
  www.santamonica.it

Kalabrien Squillace

Aktivitäten
Ostro
Fahrten mit dem Glasbodenboot im Meeresschutzgebiet, Mini-Kreuzfahrten entlang der Küste, auch Tauch- und Segelkurse. **50 Dinge** (4) › S. 12.
- Via Duomo (beim Castello)
  88841 Le Castella
  Tel. 09 62 79 56 32 | www.ostro.it

Squillace 15 [i4]

Dominant über dem noch mittelalterlich geprägten netten Städtchen (3500 Einw.) erhebt sich das normannische **Kastell**. Von hier oben genießt man einen herrlichen Blick auf den **Golfo di Squillace** und in die Sila. Wer durch die Gassen streift, schaut vielleicht in einen Keramikladen, denn die Töpferkunst hat hier eine lange Tradition. Unten am Meer herrscht im Sommer Hochbetrieb, v. a. am feinen Sandstrand von Copanello. Besonders schön ist der graue **Sandstrand von Staletti**. Viele kleine Strände und Granitbecken laden zum Sonnen und Baden ein, ebenso wie der bei Windsurfern beliebte Strand von **Soverato Marina**.

! **Erstklassig**

Die bedeutendsten Musikfestivals
....
- Die *pizzica salentina*, die populärste Musik des Salento, spielt die Hauptrolle bei der **Notte della Taranta**. › S. 43
- Das **Festival internazionale della Valle d'Itria** in Martina Franca zieht Opernfans und Liebhaber klassischer Musik aus vielen Ländern an. › S. 82
- Bei der **Stagione Concertistica Internazionale d'Organo** erklingen in Lecce die Kirchenorgeln. › S. 104
- Opern und Konzerte stehen beim **Festival di Altomonte** im Mittelpunkt. › S. 127
- Ein wichtiges **Jazzfestival** mit internationalen Stars findet in Roccella Ionica statt. › S. 139

Hotel
Il Gabbiano €€
Sehr angenehmes Haus direkt am schönen Sandstrand von Copanello. Man spricht Deutsch. Angeschlossen ist ein gutes Fischrestaurant.
- Via Lido 8 | Copanello Lido
  88060 Stlletti | Tel. 09 61 91 13 43
  www.hotelilgabbiano.it

Restaurants
La Cabaña €€
Wunderschönes Lokal mit Aussichtsterrassen, am Strand, zahlreiche Fischgerichte. Im Winter Mo–Do geschl.
- Via del Mare | Caminia di Staletti
  (7 km westl. von Squillace Lido)
  Tel. 09 61 91 10 93 | www.lacabana.it

Lido di Squillace €€
Direkt am Meer, herrliche Aussicht auf den Golfo, Mittelmeerküche.
- Via Telemaco | 88069 Lido di Squillace
  Tel. 09 61 91 58 19

Shopping
Azienda Santa Maria Vetere
Die Azienda gehört zu Libero Gattis sehenswertem Naturkundemuseum

Roccella Ionica, Stilo **Kalabrien**

(tgl. 16–19 Uhr). U. a. Verkauf von Bio-Öl, Kaktusfeigenlikör.
- Piazza Elvira Marincola Cattaneo Stalettì | Tel. 09 61 91 15 30

Roccella Ionica 16 [h/i5/6]

Der Küstenort überrascht mit pittoresken Burgruinen, einem *Bandiera-Blu*-Strand und ! Süditaliens bedeutendstem Jazzfestival (2. Augusthälfte, www.roccellajazz.net).

Nur wenig südlicher badet man an einem weiteren wunderschönen, ebenfalls mit der blauen Flagge für sauberes Wasser ausgezeichneten Strand in **Marina di Gioiosa Ionica**.

Hotel
Villa Santa Maria €–€€
Villa des 18. Jhs. im Grünen; gutes Restaurant mit Produkten der Azienda.
- Via Santa Maria 5
  80942 Marina di Gioiosa Ionica
  Tel. 0 96 45 17 77
  www.agriturismovillasantamaria.it

Restaurant
Gambero Rosso €€
Exzellente »Calabrian Sushi«, z. B. Tatar vom Thunfisch, Carpaccio vom Schwertfisch. Mo geschl.
- Via Montezemolo 55
  80942 Marina di Gioiosa Ionica
  Tel. 09 64 41 58 06

Stilo 17 ⭐ [i5]

Einer der eigenwilligsten Kirchenbauten Kalabriens wartet in dem kleinen Örtchen Stilo (2650 Einw.):

Byzantinischer Kirchenbau in Stilo: die Cattolica aus dem 10./11. Jh.

Die fünf Kuppeln über der **Cattolica** bilden im Abendland einen ungewöhnlichen Blickfang. In der hervorragend erhaltenen byzantinischen Kirche fühlt man sich nach Kleinasien versetzt. Der Innenraum, der über quadratischem Grundriss die Form des griechischen Kreuzes betont, birgt Fresken der Erbauungszeit.

Restaurant
La Buca del Re €€
Stimmungsvolles Restaurant in einer alten Ölmühle. Probieren Sie die Pasta mit Steinpilzen oder den Schwertfisch vom Grill.
- Via XXI Aprile | 89049 Stilo
  Tel. 33 17 39 35 30

Gerace 18 ⭐ [h6]

Als wahres Schmuckstück unter den Städtchen Kalabriens zeigt sich das weiter im Landesinneren gelegene Gerace (2700 Einw.). Die gepflegte **Altstadt** wirkt anheimelnd. Beim Bummel entdeckt man mehrere Keramikläden – Töpferei hat hier Tradition.

Von den normannischen Kirchenbauten der Region überstand nur der größte, der **Dom** von Gerace, alle Erdbeben in dieser gefährdeten Gegend. 20 unterschiedliche, z. T. antike Säulen mit schönen Kapitellen gliedern den dreischiffigen, feierlich-schlichten Innenraum. Vom linken Querschiff steigt man in die noch aus einer byzantinischen Bauphase stammende Krypta.

Vom mittelalterlichen Kastell blieb nur ein mächtiger Rundturm. Beim **Festival Borgo Incantato** mit Musik und Straßenkünstlern Ende Juli lebt Gerace bis spät nachts.

Hotels

La Casa di Gianna €€€
Alter Palazzo, antike Möbel, heimische Küche, traumhafte Aussicht von der Terrasse: Wohnen im Zentrum von Gerace kann so schön sein.
- Via Paolo Frascà 4
  98040 Gerace
  Tel. 09 64 35 50 24
  www.lacasadigianna.it

La Casa nel Borgo €€€
Wohnen wie die gehobene Schicht in Gerace, ruhige Abgeschiedenheit und doch mitten im Borgo, ideal zum Relaxen und Genießen.
- Via Nazionale 66 | 98040 Gerace
  Tel. 09 64 35 51 50
  www.lacasanelborgo.it

Restaurants

A Squella €–€€
Rustikales, gemütliches Lokal bei der Kirche San Francesco, Produkte von Bauern der Umgebung, typische Küche Geraces. Im Winter Fr geschl.
- Via della Resistenza 8 | 98040 Gerace
  Tel. 09 64 35 60 86

La Tavernetta €
Ausgezeichnete lokale Küche in rustikalem Ambiente, köstliche Antipasti. Nudeln mit Sardellen und wildem Fenchel, Lamm, Grillfleisch … Im Winter geschl.
- Ortsteil Azzuria (4 km von Gerace)
  SP 112 Locri-Antonimina
  Tel. 09 64 35 60 20

Shopping

Tessitura Artigianale Aracne
Wunderschöne handgewebte Stoffe.
- Via Roma | 98040 Gerace
  Tel. 34 72 93 67 18

Ceramiche Condò
Alte Keramikmotive neu interpretiert.
- Piazza Tribuna 13 | 98040 Gerace
  Tel. 34 75 17 59 06

Tropea 19 ⭐ [g/h4/5]

Das sympathische Städtchen ist der schönste Badeort an Kalabriens tyrrhenischer Küste. Er thront auf einem Felsen, seine Gässchen, Plätze und Paläste sowie hübsche Läden verlocken zum Bummeln. Mitten in die **Altstadt** ist der niedrige, wohl noch in vornormannischer Zeit be-

Karte S. 124

Tropea **Kalabrien**

Bis direkt an die steilen Klippen sind Tropeas Häuser gebaut

gonnene **Dom** eingebettet. Die farbige Absetzung der Rundbogen an der Längsseite verleiht dem Bau etwas Anmutig-Spielerisches.

Vom Balkon am Ende der Hauptgasse Corso Vittorio Emanuele genießt man einen wunderbaren Blick auf die 40 m steil ins Meer abfallenden Klippen, den traumhaften rosa Kieselstrand und das fotogene, zauberhafte Inselchen mit der Kirche **Santa Maria dell'Isola.**

Die 4 km langen Strände unterhalb von Tropea bieten kleine Buchten und sandige Abschnitte, Sport und Fun bis spät nachts.

Buchtipp: Barbara Ludwig, **Tatort Kalabrien. Ein mörderischer Urlaub** spielt in der Stadt Tropea (Schardt Verlag, Oldenburg 2007).

Hotels
Rocca Nettuno €€–€€€
Wunderschöne große Ferienanlage im Grünen hoch über dem Meer, Swimmingpool, Lift zum Strand. Vielfältige Sport- und Freizeitangebote. Etwa 15 Min. Fußweg ins Zentrum.
- Via Annunziata | 89861 Tropea
  Tel. 09 63 99 81 11
  www.roccanettuno.com

Terrazzo sul Mare €€
Kleinerer, hoch über dem Meer gelegener Familienbetrieb (Treppe zum Strand); freundliche Zimmer, Restaurant mit kalabresischer Küche.
- Zona Croce | 89861 Tropea
  Tel. 0 96 36 10 20
  www.tropea-online.com/hotel_terrazzosm01.html

Restaurants
Pimm's €€€
Hervorragende Fischgerichte genießt man am schönsten auf der Panoramaterrasse. Im Winter Mo geschl.
- Largo Migliarese 2 | 89861 Tropea
  Tel. 09 63 66 61 05

La Casareccia Da Franco €
Kräftige Fleischgerichte, kalabresische Spezialitäten. Mo Ruhetag.
- Frazione Brattiro (10 km im Landesinneren) | 89862 Drapia
  Tel. 0 96 36 80 85

Kalabrien Capo Vaticano, Palmi

Aktivitäten
Bike Calabria
Thomas und Myriam lehren auch Anfängern das Katamaran-Segeln und organisieren Mountainbike-Touren.
- Villaggio Baia del Sole
  Tel. 34 98 11 40 54
  www.velamoonlight.com

Piccola Università Italiana
Nette Sprachenschule für alle Levels, auch Freizeitaktivitäten – dabei wird das Gelernte praktisch umgesetzt.
- Largo Antonio Pandullo 5
  89861 Tropea | Tel. 09 63 60 32 84
  www.piccolauniversitaitaliana.com

Capo Vaticano [20] [g5]

Die Ferienanlagen am Kap, 10 km südlich von Tropea, bieten allesamt Sport und Animation, im Hochsommer wird es voll.

Hier lohnt ein Spaziergang zum Leuchtturm am Capo mit der wunderbaren Aussicht auf die Küste und die Äolischen Inseln. Man geht den kleinen Weg durch die dichte mediterrane Macchia, kauft vielleicht eine kalabresische Spezialität in dem kleinen Laden und genießt ein Eis in der Bar. Traumhaft türkis schimmerndes, glasklares Wasser schwappt an die langen Sandstrände und in die kleinen felsigen Badebuchten.

Hotels
Residence Girasole €€–€€€
Wunderbar in die Natur eingepasstes mediterranes Dörfchen, absolut ruhig gelegen, ausnahmsweise ohne Animation, Privatstrand.
- Località Tonicello | San Nicolò di Ricadi
  Tel. 09 63 66 31 62
  www.residencegirasole.it

Villaggio Camping Solemare €
Guter Campingplatz mit Apartmentanlage am Meer, großer Pool, Windsurfing, Animation vom Kinderklub bis zur Disco, Restaurant und Strandbar.
- Baia del Tono | San Nicolò di Ricadi
  Tel. 09 63 66 34 63
  www.solemare.net

Restaurant
A Turri €–€€
Kalabresische Küche mit hausgemachten Antipasti, wunderbare Pizza. Auch Gästezimmer.
- Contrada Torre | San Nicolò di Ricadi
  Capo Vaticano | Tel. 09 63 66 36 82
  www.hotel-aturri.com

Palmi [21] [g5]

Der hübsche Ort in Panoramalage oberhalb der tyrrhenischen Küste bietet Kunstfreunden als Hauptsehenswürdigkeit die **Musei Civici** in der Casa della Cultura.

Dazu gehören die **Pinakothek** (Werke von Modigliani, Guttuso, Boccioni u. a.) und die Skulpturensektion Michele Guerrisi, eine archäologische Abteilung und das wirklich originelle **Museo Civico di Etnografia e Folclore.** Magische Spindeln, riesige Pappmascheefiguren, Kostüme, Gerätschaften des bäuerlichen Lebens, Musikinstrumente: Ein Sammelsurium für kleine Entdecker. Hier wird die von Magie und geheimnisvollen Zeichen durchdrungene bäuerliche

Karte S. 124

Scilla **Kalabrien**

Welt Kalabriens lebendig (Mo-Fr 8–14 Uhr, Info-Tel. 09 66 26 22 50).

Nach dem Museumsbesuch fährt man durch Olivenhaine hinunter zum **Lido**, wo die farbigen Fischerboote sehr fotogen am langen Sandstrand liegen.

Hotels
Arcobaleno €€
Freundlicher Familienbetrieb, ideal für Durchreisende.
- Via Provinciale | Contrada Taureanea 89015 Palmi | Tel. 09 96 47 93 80 www.hotelresidencearcobaleno.com

Camping San Fantino €
Ganzjährig geöffneter Platz, wunderschön im Olivenhain, direkter Zugang zum Strand.
- Contrada Taureana 89015 Palmi | Tel. 09 66 47 97 29 www.campingsanfantinopalmi.it

Restaurant
De Gustibus €€–€€€
Kleines, gemütliches Lokal, kreative Küche, die auch Traditionen wie Schwertfisch mit Zwiebeln aufnimmt. Mitte Juli–Aug. tgl., sonst Mo geschl
- Viale delle Rimembranze 60 89015 Palmi | Tel. 0 96 62 50 69 www.degustibuspalmi.it

Scilla 22 ★ [g5/6]

Imposant überragt das **Kastell** die Meerenge von Messina. Als Skylla mit der gegenüberliegenden Charybdis taucht der Ort schon in Homers Odyssee auf. Heute spaziert man im urigen Fischerviertel **Chianalea** hinunter ans Meer, genießt

Das Fischerdörfchen Scilla

die Aussicht vom Kastell (tgl. 8.30 bis 19 Uhr) und badet am weiten Sandstrand im Westen der Burg. Die *Costa Viola* macht ihrem Namen alle Ehre, wenn das Meer bei Sonnenuntergang violett schimmert.

Hotel
Palazzo Krataiis €€
Nah am Meer, schön restaurierter Palazzo des 18. Jhs., geschmackvoll eingerichtete Zimmer, gutes Fischrestaurant.
- Via G. Omiccioli 26 | 89058 Scilla Tel. 09 65 75 40 22 www.krataiis.it

Restaurants
Alla Pescatora €€
Unmittelbar am Meer gelegen, natürlich gute Fischküche, z. B. *Spaghetti al nero di seppia* und Schwertfischröllchen *(involtini di pesce spada)*. Mi (außer Aug.) geschl.
- Via Cristoforo Colombo 32 89058 Scilla | Tel. 09 65 75 41 47

Zanzibar €
Ausgezeichnete *granite* (eine Art Sorbet) am Strand.
- Lungomare Cristoforo Colombo
  89058 Scilla | Tel. 33 93 32 72 35

Reggio di Calabria 23 [g6]

Nach gewalttätigen Demonstrationen verlegte man 1972 den Sitz des Regionalparlaments in die größte Stadt (185 000 Einw.) Kalabriens, während Catanzaro Hauptstadt und Regierungssitz blieb. Dieser Vorgang und die allgegenwärtige Gewalt zeigen, wie sehr die Stadt und die Provinz Reggio von der *'Ndrangheta*, der kalabresischen Mafia, beherrscht werden. Richter und Staatsanwälte leisten bei der Bekämpfung Sisyphusarbeit.

Während die Mafia dem Image der Stadt schweren Schaden zufügt, ist man stolz auf den Modeschöpfer Gianni Versace, der aus Reggio stammte. Seit 2002 rühmt man sich auch wieder des »schönsten Kilometers Italiens«, des **Lungomare Falcomata**. Reggios 2002 verstorbener Bürgermeister Italo Falcomata ließ die Promenade rundherum erneuern und belebte mit einem ansprechenden Kulturprogramm die Sommernächte. Vor dem Panorama Siziliens und des Ätna flanieren abends wieder Tausende.

Sehenswert ist die **Pinacoteca Civica** im Teatro Cilea mit Gemälden von Antonello da Messina und Mattia Preti (Mo–Do 9–13, 14.30 bis 18, Fr 9–13.30 Uhr, Info-Tel. 09 65 32 48 22). Am 2. Samstag im September bezaubert das **Feuerwerk am Lungomare** zum Fest der Madonna della Consolazione.

Sollte an der Meerenge der intensiv und kontrovers diskutierte, 2003 von der Regierung beschlossene Bau der Brücke nach Sizilien tatsächlich beginnen, könnten sich Stadt und Region nachhaltig verändern.

Die 1972 aus einem Wrack vor der Ostküste Kalabriens geborgenen **Bronzen von Riace** 12 sind die Prunkstücke der hochinteressanten archäologischen Abteilung des **Museo Nazionale**. Die beiden überlebensgroßen, kunstvoll gefertigten Figuren griechischer Krieger stammen aus dem 5. Jh. v. Chr. Auch Funde aus dem Porticello-Wrack sind zu bestaunen (Piazza de Nava 26, tgl. 9–20 Uhr, Eintritt 5 €, www.archeocalabria.beniculturali.it).

Info

Ufficio Informazione Turistiche
Im Sommer Infokiosk am Lungomare.
- Tel. 0 96 53 62 50 72
  http://turismo.reggiocal.it

Hotels

Grand Hotel Excelsior €€€
Elegantes Hotel am Nationalmuseum mit Panoramarestaurant Gala.
- Via Vittorio Veneto 66
  89123 Reggio Calabria
  Tel. 09 65 81 22 11
  www.grandhotelexcelsiorrc.it

Hotel Palace Masoanri's €€€
Modernes Hotel mit American Bar, Zimmer mit allem Komfort, nicht weit vom Nationalmuseum.

Karte S. 124

Reggio di Calabria **Kalabrien**

- Via Vittorio Veneto 95 | Reggio Calabria
  Tel. 0 96 52 64 33
  http://hotel-palace-masoanris.h-rez.com

Restaurant
Alle Cantine della Lampara €€–€€€
Elegantes Restaurant mit romantischer Terrasse; saisonal wechselnde kalabresische Spezialitäten.
- Lungomare Pellaro
  Reggio Calabria | Tel. 0 96 54 86 24

Baylik €€–€€€
In Hafennähe, sehr gute Fischküche, z. B. Schwertfisch-Carpaccio.
- Vico Leone 1 | Reggio Calabria
  Tel. 0 96 54 86 24

Shopping
Fiori di Calabria
In Italien wächst die Bergamotte nur entlang der Küste von Reggio di Calabria, von der 90 % der Weltproduktion stammen. Ausgesuchte Duftessenzen, Badesalze und Parfüms sind ein edles Mitbringsel.
- Via Osanna 3/abc (nahe Piazza Italia)
  Reggio Calabria

Torrone Giuseppe Malavenda
Angeboten werden neben Mandelpaste die traditionellen *torroncini,* z. B. mit Mandarinengeschmack.
- Piazza Duomo 4/6 | Reggio Calabria
  www.malavenda.it

SEITENBLICK
Die 'Ndrangheta
Durch den Sechsfachmord in Duisburg im August 2007 wurde der Name der kalabresischen Mafia auch in Deutschland schlagartig bekannt. An Italiens Stiefelspitze beherrscht sie seit Langem große Teile der Wirtschaft und unterwandert die Zivilgesellschaft: Gegen 34 von 54 Regionalräten Kalabriens laufen Untersuchungen, etwa 70 % aller Unternehmer zahlen den *pizzo* (Schutzgeld), die übrigen 30 % der Betriebe gehören direkt dieser mächtigsten Mafia-Organisation Italiens.

Ihre Geschäfte laufen seit den Fahndungserfolgen gegen die Cosa Nostra in Sizilien Anfang der 1990er-Jahre bestens. Die Gewinne der 'Ndrangheta stammen v. a. aus dem globalen Kokainhandel; weitere Quellen sind Prostitution, Waffenhandel, Schutzgelder und Unternehmensgewinne. Die 'Ndrangheta ist mittlerweile auch in der Lombardei, der Toskana und der Emilia Romagna vertreten, international in Deutschland, Frankreich, Belgien, Russland und Kolumbien.

Der seltsame Name kommt vom griechischen »andragathos« (tapferer Mann). 1888 erstmals als »Geheimsekte, die vor nichts Angst hat« aktenkundig, betätigten sich die Kalabresen zunächst als Menschenräuber (einer der bekanntesten Fälle: 1973 John Paul Getty, US-Milliardärssohn). Etwa 7000 Mann, organisiert in 100 Familien, stehen in den Diensten der 'Ndrangheta; zu ihren Hauptstützpunkten gehört das kleine Dorf San Luca am Rande des Aspromonte-Gebirges, aus dem auch die Opfer von Duisburg stammten. Hier zeigt sich auch die archaische Seite der 'Ndrangheta, in der die »Vendetta« (Blutrache) eine entscheidende Rolle spielt. Die 1991 aus nichtigem Anlass entstandene Fehde zwischen den Clans Strangio-Nirta und Vottari-Pelle kostete bereits über 20 Menschen das Leben.

Kalabrien Südspitze Kalabriens, Pizzo, Serra S. Bruno

Karte S. 124

Ausflug zur Südspitze Kalabriens

Südlich von Reggio verläuft die Küstenstraße am Aspromonte entlang, der steil und kahl ins Meer abfällt. Die Bergdörfer werden bald so verlassen sein wie das malerische **Pentedattilo** 24 [g6]. Am Meer bei **Melito di Porto Salvo** 25 [g6] passiert man den südlichsten Punkt des italienischen Festlands. Im August leben die griechischen Orte des Aspromonte auf, ebenso wie beim **Festival Paleariza** mit griechischer Musik und Gastronomie im Herbst (www.paleariza.it).

Pizzo 26 ★ [h4]

Der pittoreske Ort (9250 Einw.) scheint von seiner luftigen Höhe fast ins Meer zu stürzen. Lokalpatrioten behaupten, hier sei die Tartufo-Eiskugel erfunden worden. Besichtigungspunkte sind eine barocke **Pfarrkirche**, ein mächtiges **Kastell** und ein **Tuffkirchlein**. Der Hauptplatz gleicht im Sommer einer Freilichtbühne.

Restaurants
Ristorante Go €€–€€€
❗ Exzellente kalabresische Küche mit viel Fisch, serviert auf der traumhaft schönen Terrasse eines alten Landhauses. So abends und Mo geschl.
• Contrada da Mangano
  89812 Pizzo | Tel. 34 71 13 78 54

Antica Gelateria Belvedere
Seit 1901 gibt es hier Tartufo-Eis.
• Piazza della Repubblica | 89812 Pizzo

Serra S. Bruno 27 [h5]

Mitten im Wald auf 780 m Höhe liegt der kleine Ort (6800 Einw.) auch heute noch ein wenig isoliert. Genau das zog den Kölner Mönch Bruno hierher. 1091 schenkte ihm der Normanne Roger I. das Areal, auf dem sich nunmehr ein neogotisches, 1900 erbautes Kartäuserkloster erhebt. Das Kloster selbst kann nicht besichtigt werden, aber das von den Mönchen eingerichtete **Museum** dokumentiert Geschichte und Alltag der Kartäuser (10–13, 15 bis 17 Uhr).

Hotel
Fondo dei Baroni €–€€
Man wohnt im Wald in kleinen Holzhäuschen. Mountainbikes, Käserei-Kurse, gutes Restaurant, lokale Küche.
• Ortsteil La Chiusa | Serra San Bruno
  Tel. 0 96 37 17 06
  www.fondodeibaroni.it

Pizzo, pittoresk mit Panorama

Erlebnisse für Sportliche SPECIAL

SPECIAL

Erlebnisse für Sportliche

Segeln und Fliegen

Von Vibo Valentia aus kreuzt der hochseetaugliche Zweimast-Topsegelschoner **SV Florette** in einem mehrtägigen Törn hinüber zu den Äolischen Inseln (Infos und Buchung: www.svflorette.com).

An den reizvollen Segel- und Tauchrevieren am Capo Rizzuto. verleiht **Ostro** › S. 138 Segelboote und organisiert Mini-Kreuzfahrten.

Volo dell'Angelo, Flug des Engels, nennt sich der Nervenkitzel, bei dem man am Stahlseil in den Lukanischen Dolomiten von Pietrapertosa über eine 160 m tiefe Schlucht nach Castelmezzano schwebt bzw. mit bis zu 120 km/h braust (www.volodellangelo.com).

Wildwasserrafting

Rafting-, Kajak- und Canyoningtouren in den Schluchten des auch im Sommer wasserreichen Lao bei Papasidero bieten die Experten von **Rafting Adventure Lao** (Via Monaci Basiliani, 87020 Papasidero, Tel. 0 98 18 33 54, www.raftinglao.it).

Ab in die Berge

Kalabriens Naturparks **Aspromonte** (www.parcoaspromonte.gov.it), **Sila** (www.parcosila.it) und **Pollino** (www.parcopollino.it) sind zunehmend attraktiver geworden. Junge Kooperativen haben Wanderrouten markiert und sorgen für ein kombiniertes Natur- und Kulturerlebnis.

- **Emanuele Pissara [i2]**
  Der sympathische Bergführer führt über die Teufelsbrücke zur schwindelerregenden Via del Peperoncino. Cività/Çifti | Tel. 0 98 17 30 43 Mobil 33 38 73 28 29
- **Le Pratoline € [h2]**
  Berghütte mitten im Pollino mit Zimmern; serviert werden Ziegenspezialitäten. Nahe der Autobahn A 3. Svincolo Campotenese Tel. 0 98 13 39 60

Raftingtour im Wildwasser

EXTRA-TOUREN

Klappe hinten   Tour 13: Die Highlights Apuliens   **Extra-Touren**

Die Highlights Apuliens in rund zwei Wochen

Route: Vieste › Monte Sant'Angelo › Castel del Monte › Trani › Ruvo di Puglia › Bari › Castellana Grotte › Matera › Alberobello › Taranto › Gallipoli › Otranto › Lecce

Karte: Klappe hinten

Distanzen: Vieste › Monte Sant'Angelo 55 km/1 Std.; **Monte Sant'Angelo › Castel del Monte** 110 km/1,5 Std.; **Castel del Monte › Trani** 32 km/25 Min.; **Trani › Ruvo di Puglia** 22 km/20 Min.; **Ruvo di Puglia › Bari** 32 km/25 Min.; **Bari › Castellana Grotte** 36 km/30 Min.; **Castellana Grotte › Matera** 60 km/1 Std.; **Matera › Alberobello** 77 km/1 Std. 15 Min.; **Alberobello › Taranto** 50 km/35 Min.; **Taranto › Gallipoli** 73 km/1 Std. 20 Min.; **Gallipoli › Otranto** 50 km/45 Min.; **Otranto › Lecce** 30 km/25 Min. (alle Zeitangaben beziehen sich auf die Fahrt mit dem Auto).

Verkehrsmittel:
Die Tour unternehmen Sie am besten mit dem Auto. Busse verkehren selten und fahren nicht genau die einzelnen Stationen der beschriebenen Tour ab.

Die Atmosphäre des Südens erspüren – die folgende Tour bietet dazu reichlich Gelegenheit. Startpunkt ist **Vieste** › S. 54, ein Paradies für Kitesurfer, das am Abend einlädt zum Bummel durch die weißen Gässchen der lebendigen Altstadt. Tags darauf steigen Sie in **Monte Sant'Angelo** › S. 56 die 89 Stufen hinunter in die faszinierende **Grotte des Erzengels Michael** – wie schon im Mittelalter Tausende Pilger aus dem Norden vor Ihnen. Am dritten Tag kommt man im **Castel del Monte** › S. 75 dem Stauferkaiser Friedrich II. ganz nahe. Wenn Sie gegen Abend von den Murge wieder hinunter ans Meer fahren, erstrahlt die weiße Königin der romanischen Kathedralen in **Trani** › S. 72 vor dem blauen Meer. Am stimmungsvollen Hafenbecken klingt der Tag bei einem Gläschen *Moscato di Trani* aus. Tag 4: In **Ruvo di Puglia** › S. 76 locken in dem kleinen feinen Museo Jatta die schönsten griechischen Vasen der Region. Ein bis zwei Tage sollte man für **Bari** › S. 68, Apuliens Hauptstadt, mit zwei der schönsten romanischen Kathedralen Italiens in der verwinkelten Altstadt schon einplanen, bevor man die beeindruckende Unterwelt der größten Karstgrotte Italiens, der **Grotte di Castellana** › S. 78, bestaunt. Weiter geht die Reise nach **Matera** › S. 118, streng genommen 15 km außerhalb Apuliens in der Basilikata, wo die **Sassi,** die bewohnten Höhlen und Grotten, ganze Stadtviertel bilden. Vielleicht übernachten Sie

Pietrapertosa in den Lukanischen Dolomiten

Extra-Touren Tour 13: Die Highlights Apuliens

sogar in einer der Grotten – natürlich mit allem Komfort. Wie in Disneyland fühlen Sie sich am nächsten Tag in **Alberobello** › S. 79, aber die **Trulli**, diese aus aufeinandergeschichteten Steinen ohne Mörtel errichteten Rundhäuschen, sind so hinreißend, dass man dafür selbst den Touristenrummel in Kauf nimmt. Tag 10: Während die Altstadt **Tarantos** › S. 93 vom morbiden Charme des Verfalls geprägt ist, glänzt der antike Goldschmuck im bedeutendsten Archäologischen Museum des Südens nach Neapel umso mehr. Traumhaftes Badevergnügen versprechen die Sandbuchten bei **Gallipoli** › S. 98. Am nächsten Tag geht es weiter nach **Otranto** › S. 100, wo das größte mittelalterliche Fußbodenmosaik des Abendlandes lockt. Die griechisch anmutende Altstadt lädt zum Bummel und Bleiben, genau wie die ausgesucht schönen Strände und Badebuchten im Norden der Stadt. Tag 13: In **Lecces** › S. 103 elegantem Stadtzentrum geht der Blick nach oben zu den Kringeln, Schnörkeln, Blättern und Ranken, mit denen die Barockkünstler die Fassaden der Kirchen geradezu überschütteten, aber auch in die vielen Handwerksläden, in denen traditionelle Pappmascheekunst und Steinmetzarbeiten aus der lokalen *pietra leccese* angeboten werden.

Die schönsten Naturlandschaften in zwei Wochen

Route: Vieste › **Foresta Umbra** › **Foggia** › **Margherita di Savoia** › **Monte Vulture** › **Gravina in Puglia** › **Matera** › **Pietrapertosa** › **Civita/Çifti** › **Le Castella** › **Camigliatello Silano**

Karte: Klappe hinten
Distanzen: Vieste › **Foresta Umbra** 30 km/30 Min.; **Foresta Umbra** › **Foggia** 88 km/1,5 Std.; **Foggia** › **Margherita di Savoia** 55 km/40 Min.; **Margherita di Savoia** › **Monte Vulture** 85 km/1 Std. 15 Min.; **Monte Vulture** › **Gravina in Puglia** 87 km/1 Std. 15 Min.; **Gravina in Puglia** › **Matera** 28 km/25 Min.; **Matera** › **Pietrapertosa** 85 km/1,5 Std.; **Pietrapertosa** › **Civita/Çifti** 200 km/3,5 Std.; **Civita/Çifti** › **Le Castella** 160 km/2,5 Std.; **Le Castella** › **Camigliatello Silano** 100 km/1,5 Std. (alle Zeitangaben beziehen sich auf die Fahrt mit dem Auto).
Verkehrsmittel:
Auch hier gilt: Am besten fahren Sie mit dem Auto. So sind Sie unabhängig und können die Naturschönheiten auch erwandern.

Den Süden mit anderen Augen sehen. Weg vom Klischee, dass Süditalien vor allem eines ist: Sand und Meer. Die Tour beginnt am Meer, und zwar mit dem 27 m hohen Pizzomunno-Monolith, dem Wahrzeichen von **Vieste** › S. 54, der so fotogen am Hausstrand unterhalb der bezaubernden Altstadt

Klappe hinten Tour 14: Die schönsten Naturlandschaften **Extra-Touren**

An der Küste des Gargano-Nationalparks

im Wasser steht. Der 2. Tag ist dem Nationalpark Gargano gewidmet, wo hohe, schattige Buchen- und Eichenwälder über Rehe, Dachse, Wiesel und Marder wachen. 15 gut ausgeschilderte Wanderwege laden am Parkzentrum in der **Foresta Umbra** › S. 53 zu Entdeckungstouren ein. Weit, heiß und flach – so präsentiert sich am nächsten Tag die größte Ebene des Südens, der Tavoliere um **Foggia** › S. 61, mit seinen immensen Getreidefeldern, die im Sommer abgebrannt werden und die Nacht glühend erleuchten. Fast geblendet wird man auch von den weißen Salzbergen in der größten Saline Italiens in **Margherita di Savoia** › S. 62 am Meer. An den nördlich gelegenen Stränden können Sie einen oder gleich mehrere Badetage genießen. Weiter geht es in die Basilikata: Intensiv grün, von smaragd bis oliv, schimmern die **Laghi di Monticchio** [a/b1], die die ehemaligen Krater des erloschenen Vulkans **Monte Vulture** › S. 114 füllen, der sich einsam hinter den Murge erhebt. Die fast mystische Atmosphäre erlebt man am besten bei einer Wanderung durch den einsamen Wald hinauf zur **Abtei San Michele** [a/b1]. Die Vulkanerde lässt hier den vollmundigen roten Aglianico gedeihen, der in **Rionero in Vulture** › S. 113 vor Ort verkostet werden kann. Am nächsten Tag erreicht man relativ leicht über eine weite Hochebene um Montemilone **Gravina in Puglia** › S. 86, das an einer spektakulären Gravine liegt. Wie ein böser Riss in der karstigen Erde wirkt sie, selbst die Renaissancekathedrale scheint direkt über dem Abgrund zu hängen. Wie man so eine Gravine Generation für Generation aushöhlt, Grotten und Keller, Wohnräume und Kirchen hinein-

Extra-Touren Tour 14: Die schönsten Naturlandschaften

gräbt, ganze Stadtteile entstehen lässt, die schroffe, abweisende Natur für den Menschen nutzbar macht, sieht man in den **Sassi von Matera** › S. 118. Hinter dem Stausee **Lago di Giuliano [d/e2]**, an dem man tags darauf den Bradano überquert, folgt man dem zweiten großen Fluss der Region, dem Basento, aufwärts. Bizarr ragen die Gipfel in den Himmel, von der Erosion geformt zu Eule, Großer Mutter oder Königsadler – die **Lukanischen Dolomiten** › S. 117 bieten im Kleinen, was von der Schwester in Norditalien bekannt ist. Wanderwege führen rund um **Pietrapertosa** › S. 117, das mit 1088 m höchstgelegene Dorf der Basilikata, am Abend genießt man die lukanische Küche. Die Schnellstraße Potenza – Metaponto bringt am nächsten Tag das Meer mit weitem Sandstrand bei **Metaponto** › S. 119 rasch näher. Nach einem Badetag setzen Sie die Tour in Kalabrien fort: In der Albanerstadt **Civita/Çifti** › S. 127 zu Füßen des Nationalparks Pollino wartet die berühmte **Raganello-Schlucht** mit der Teufelsbrücke. Am nächsten Morgen geht es weiter in Richtung Süden zum Meeresschutzgebiet um **Le Castella** › S. 136, wo smaragdgrünes, glasklares Wasser zum Baden und Tauchen einlädt. Planen Sie einen oder gleich mehrere Badetage ein. Falls Sie dann ganz plötzlich Lust auf Oberbayern, weidende Kühe, Seen und Almhütten befällt: Ein Ausflug in die Sila um **Camigliatello** › S. 133 stillt diese Sehnsucht.

Blick auf die Sassi von Matera

Infos von A–Z

Ärztliche Versorgung
Urlauber aus EU-/EFTA-Ländern werden gegen Vorlage der Europäischen Krankenversicherungskarte (EHIC) nur beim Vertragsarzt kostenlos behandelt. Eine zusätzliche private Auslandskrankenversicherung, die auch einen medizinisch notwendigen Rücktransport einschließt, ist zu empfehlen.

Autofahrer
Der nationale Führerschein genügt, die Mitnahme der Grünen Versicherungskarte wird empfohlen. Kostenlose Pannenhilfe (Tel. 80 31 16) erhalten Mitglieder von mit dem ACI kooperierenden Automobilclubs, die einen Auslandsschutzbrief besitzen.

Bei Verkehrsverstößen drohen hohe Bußgelder. Innerorts gilt ein Tempolimit von 50 km/h, auf Landstraßen 90 km/h, auf Schnellstraßen 90 bis 110 km/h, auf Autobahnen 130 km/h (bei Regen auch hier 110 km/h). Auf außerstädtischen Straßen müssen Autos und Motorradfahrer auch tagsüber mit Licht fahren. Telefonieren ist nur mit Freisprecheinrichtung gestattet. Das Tragen einer Sicherheitsweste im Fall einer Panne oder eines Unfalls ist vorgeschrieben. Promillegrenze: 0,5.

Diplomatische Vertretungen
- **Deutschland:** Honorarkonsulat Neapel, Via Medina 40, Tel. 08 12 48 85 11, neapel@hk-diplo.de; Honorarkonsulat Bari, Via Michele Garruba 125, Tel. 08 05 24 40 59, bari@hk-diplo.de
- **Österreich:** Honorarkonsulat Bari, Via B. Buozzi 88, Tel. 08 05 62 61 11; Honorarkonsulat Neapel, Via Ricciardi 10, Tel. 08 15 53 43 72, consolatoaustria.napoli@gmail.com
- **Schweiz:** Konsulat Bari, Piazza Luigi di Savoia 41/a, Tel. 08 05 24 96 97, bari@honrep.ch

Feiertage
1. Januar (Neujahr), 6. Januar (Hl. Drei Könige), Ostermontag, 25. April (Staatsfeiertag), 1. Mai (Tag der Arbeit), 2. Juni (Tag der Republik), 15. August (Mariä Himmelfahrt/*ferragosto*), 1. November (Allerheiligen), 8. Dezember (Unbefleckte Empfängnis), 25./26. Dezember (Weihnachten)

Geld und Devisen
Mit Bankkarten (Maestro) erhält man an Geldautomaten *(bancomat)* bis 500 € täglich. Kreditkarten (wie Mastercard, Visa) sind verbreitet.

Haustiere
benötigen den Europäischen Heimtierpass (Tollwutimpfung sowie Microchip). Leine und Maulkorb gehören für Hunde ins Gepäck.

Informationen
erhält man bei den Büros von **ENIT,** des staatlichen italienischen Fremdenverkehrsamts (www.enit.it):
- **Deutschland:** 60325 Frankfurt/M., Barckhausstr. 10, Tel. 0 69/23 74 34, www.enit-italia.de, frankfurt@enit.it
- **Österreich:** 1060 Wien, Mariahilferstraße 1b/XVI, Tel. 01/5 05 16 39, Fax 5 05 02 48, www.enit.at, vienna@enit.it
- In Italien helfen die regionalen und lokalen Informationsbüros (**APT, IAT, Pro Loco**) Urlaubern weiter.

Notruf
- Polizei: Tel. 112 oder 113
- Erste Hilfe: Tel. 118

Infos von A–Z

- Feuerwehr: Tel. 115
- Autopannen: Tel. 80 31 16

Öffnungszeiten
- **Banken** Mo–Fr 8.30–13.30 Uhr (manche auch nachmittags).
- **Geschäfte** meist 9–13 und 16/17 bis 20/21 Uhr; im Sommer schließen viele Läden am Samstagnachmittag, in Ferienorten bleiben sie häufig abends länger offen.
- **Kirchen** sind meist mittags von 12/13 bis 16/17 Uhr geschlossen.
- **Museen, Galerien** ändern häufig die Öffnungszeiten. Der Eintritt in die staatlichen Museen ist für EU-Bürger unter 18 und über 65 Jahre gratis.
- **Tankstellen** sind, außer an Autobahnen, über Mittag sowie So/Fei oft geschlossen. Einige verfügen über Tankautomaten, die mit Bargeld (in Scheinen) funktionieren.

Quittungen
Quittungen *(ricevuta fiscale)* für Dienstleistungen (auch Bar- oder Restaurantbesuche) sowie für Einkäufe aller Art sollten grundsätzlich kurzfristig aufbewahrt werden – Straßenkontrollen der Finanzpolizei *(guardia di finanza)* kommen immer wieder vor.

Sicherheit
Wo Touristen unterwegs sind, gibt es auch Taschendiebe. Wertsachen und größere Geldbeträge gehören in den Hotelsafe. Lassen Sie nichts im Auto liegen und stellen Sie es in einer Garage oder auf bewachten Parkplätzen ab. Wer bestohlen wurde, sollte die Polizei *(questura)* benachrichtigen.

Souvenirs
Charakteristisch sind Keramik, *fischietti* (kleine Tonpfeifen zum Musizieren), Holzarbeiten aus der Sila oder Brigantenpuppen. Decken Sie sich mit den guten lokalen Weinen oder eingelegten Oliven, Gemüse oder Pilzen ein. Achtung: Wer bei fliegenden Händlern gefälschte Markenware kauft, wird mit hohen Geldbußen bestraft!

Telefon / Handy / Internet
Telefone funktionieren mit Telefonkarten *(scheda telefonica)* zu 5 und 10 €, es gibt sie in Tabakläden *(Tabacchi)*. Im italienischen Mobilfunknetz (Standards GSM 900/1800) kann man auch das eigene **Handy** benutzen (Tipps unter www.teltarif.de).

Im Festnetz ist die ehemalige Ortsvorwahl Bestandteil der Teilnehmernummer und immer mitzuwählen. Handynummern haben keine Anfangs-Null.

Internationale Vorwahlen nach Deutschland 00 49, Österreich 00 43, Schweiz 00 41, Italien 00 39.

Internetcafés gibt es in allen größeren Städten Apuliens und Kalabriens, oft in Reisebüros, Souvenirläden u. Ä.

Zoll
Für Reisende aus **EU-Staaten** gelten folgende Richtmengen pro Person: 800 Zigaretten, 200 Zigarren, 1 kg Tabak, 10 l Spirituosen, 90 l Wein. **Schweizer** können Geschenke im Wert von 300 CHF mitbringen, zusätzlich 200 Zigaretten, 1 l Spirituosen, 2 l Wein.

Urlaubskasse	
Tasse Kaffee	2 €
Softdrink	2,50 €
Glas Bier	3 €
Panino	2,50 €
Portion Eis (2 Kugeln)	2,20 €
Taxifahrt (innerstädtisch, ca. 12 km)	20 €
Mietwagen / Tag	ab 45 €
1 l Superbenzin	1,85 €

Register

Acerenza 116
Ahmed Pascha 100
Alberobello 14, **79**
Alimini-Seen 91
Altamura 87
Alta Murgia,
  Nationalpark 65
Altomonte 126
Andria 65
Aspromonte 37, 147

Bagnara Calabra 125
Baia Verde 99
Balzo Orsini, Pirro del 115
Balzo Orsini, Raimondello
  del 98
Bari 12, 14, 15, 16, **68**
• Basilica San Nicola 68
• Castello Svevo 70
• Fiera del Levante 70
• Pinacoteca Provinciale 70
• San Sabino, Kathedrale 69
• Stadion San Nicola 70
• Teatro Petruzzelli 70
• Universität 70
Barile 113
Barletta 73
Bevölkerung 35
Bitonto 76
Bosco di Fallistro 134
Bosco La Fossiata 134
Briganten 114
Brindisi 84
Bronzen von Riace 144
Bruno, Mönch 146

Camigliatello Silano 133
Canne della Battaglia 74
Canosa di Puglia 74
Capo Colonna 137
Capo d'Otranto 91
Capo Rizzuto **137**, 147
Capo Vaticano 142
Castel del Monte 75
Castel Lagopesole 116
Castellana Grotte 78
Castellaneta 86
Castellaneta Marina **85**, 99

Castelmezzano 112
Castris, Leone de 96
Castro 102
Castro Marina 102
Catanzaro 123
Cerignola 51
Cino, Giuseppe 105
Cirò Marina 136
Cisternino 84
Civita/Çifti 127
Copanello 123
Copertino 97
Cosenza 129
• Castello 132
• Dom 131
• Museo Diocesano 131
• Palazzo Arnone 130
• Piazza XV Marzo 132
• San Domenico 129
• San Francesco d'Assisi 132
• San Francesco di
  Paola 130
• Santissimo Salvatore 130
Crocco, Carmine 113, 114
Crotone 135

De Nittis, Giuseppe 65, 73
Diamante 12, 16

Egnazia 79

Falcomata, Italo 144
Fliegen 147
Foggia 61
Foresta Umbra 53
Friedrich II. 58, **59**, 61, 72,
  73, 75, 87, 94, 109, 116

Galatina 98
Galàtone 98
Gallipoli 14, 15, 16, **98**
Gargano, Halbinsel 37, 49
Gerace 140
Gian Girolamo II.
  Acquaviva 80
Giganti della Sila 134
Gioia Tauro 125
Gravina di Castellaneta 86

Gravina in Puglia 86
Gravina San Marco 85
gravine 37, 38
Grottaglie 94
Grotta Zinzulusa 102
Grotte di Castellana 78

Hannibal 74
Horaz 109, 115

Isabella von Aragon 132
Isole Tremiti 12, **52**

Joachim von Fiore 123, 134

Karl I. von Anjou 75, 116
Karl V., Kaiser 106
Kastelle 41
Kinder 26

Laghi di Monticchio 109,
  114, 151
Lago Ampollino 123
Lago Arva 123
Lago di Cecita 123
Lagopesole 60
Le Castella 12, 99, **136**
Lecce 12, 14, **103**
• Amphitheater 103
• Basilica Santa Croce 106
• Bischofspalast 105
• Castello 106
• Chiesa del Rosario 105
• Dom Sant'Oronzo 104
• Museo Provinciale
  Sigismondo Castro-
  mediano 106
• Palazzo del Governo 106
• Palazzo del Sedile 103
• Palazzo del Seminario 105
• San Matteo 105
• Sant'Irene 103
• Teatro Romano 105
Leverano 97
Lido di Catanzaro 123
Locorotondo 81
Lucera **58**, 59, 60
Lukanische Dolomiten 117

155

Register

Mafia 17, 144, 145
Maglie 14
Manduria 15, **95**
Manfredonia 55
Margherita di Savoia 62
Marina di Gioiosa
 Ionica 139
Marina di Ostuni 83
Martina Franca 13, **82**
Martini, Simone 127
Massafra 85
Matera 118
Mattinata 50
Melfi 112
Melissa 123
Melito di Porto Salvo 146
Messina, Antonello da 144
Metaponto 119
Molfetta 72
Monopoli 77
Monte Botte Donato 123
Monte Sant'Angelo 56
Monte Sant'Elia 125
Monte Vulture 37, 109, **114**
Morano Calabro **126**
Mottola 86
Murge Tarantine 91

Nardò 96
'Ndrangheta 17,
 144, **145**
Nicotera 125
Nigro, Raffaele 114
Nikolaus, Hl. 69, 72
Normannen 109

O
Öffentliche
 Verkehrsmittel 28
Oria 60, **94**
Ostuni 83
Otranto 13, **100**

Padre Pio 57
Palmi 15, **142**
Parco Old Calabria 134
Pentedattilo 146
Peschici **53**, 99
Philipp III., König 132

Piano, Renzo 57, 70
Pietrapertosa 112, **117**
Pineta Marzini 49
Pizzo 146
Policoro 120
Policoro Lido 99
Polignano a Mare 77
Pollino 37, 147
Porto Badisco 91
Porto Cesareo 96
Potenza 116
Preti, Mattia 123, 130

Radfahren 29
Raganello-Schlucht 127
Reggio di Calabria 16, **144**
Rionero in Vulture 113
Riserva Marina di Capo
 Rizzuto 137
Riserva Naturale Marina
 Capo Rizzuto 123
Roca Vecchia 91
Rocca di Neto 123
Roccella Ionica 139
Rodi Garganico 52
Roger I. 146
Rossano 128
Ruvo di Puglia 76

Sacco, Gerardo 136
Salento 37, **90**
Salice Salentino 96
San Cataldo 91
San Demetrio Corone 133
San Domino 15, 16, 52
San Foca 91
Sanginето, Filippo 126
San Giovanni in Fiore 1**34**
San Giovanni Rotondo 57
San Menaio 49
San Michele, Abtei 115, 151
San Nicola 52
San Severo **57**
Santa Caterina 91, 97
Santa Cesarea Terme 102
Santa Maria al
 Bagno 91, 97
Santa Maria del Casale 84
Santa Maria di Cerrate 107

Santa Maria di Leuca 100
Santa Severina 135
Sassi di Matera 118
Savelletri 13
Schnorcheln 28
Scilla 143
Segeln 147
Serra S. Bruno 146
Sila 37, 147
Soverato 123
Sprache 35
Squillace 138
Staletti 138
Stilo 139
Strafella, Gianserio 97
Strongoli 123
Surfen 28

Tankred von Lecce 107
Taranto 93
Tauchen 28
Taverna 123
Tavoliere 37, 50, 58
Torre Chianca 91
Torre Coccaro 12
Torre dell'Orso 99, 101
Torre Guaceto 83, 99
Torre Rinalda 91
Trani 72
Troia 50
Tropea 140

Vaglio Basilicata 112
Valentino, Rodolfo 86
Venosa **115**
Versace, Gianni 144
Vico del Gargano 53
Vieste 54
Villaggio Mancuso 123
Villa San Giovanni 125
Volo dell'Angelo 147

Waldbrände 38
Wandern 29
Wein 45
Wildwasserrafting 147
Wirtschaft 35

Zimbalo, Giuseppe 105

Impressum

Bildnachweis
Coverfoto: Adriatisches Meer, Apulien © Schapowalow/SIME/Riccardo Spila
Fotos Umschlagrückseite © Huber Images/A. Saffo (links), Jahreszeitenverlag/Jan Brettschneider (Mitte); Huber Images/Johanna Huber (rechts)

Peter Amann: 31; Fotolia/Alessandro Calzolaro: 23; Fotolia/Silvana Comugnero: 16; Fotolia/Ronnie Howard: 27; Fotolia/Vaclav Janousek: U2-4; Fotolia/LianeM: 79; Fotolia/Mi.Ti.: 105, 148; Fotolia/Quanthem: U2-3; Fotolia/Paul Yates: 26; Rainer Hackenberg: 77; Herbert Hartmann: 40, 58, 59, 101, 103, 120, 139, 146, 147; Bernd Helms: 74; Huber Images/Dutton Colin: 44; Huber Images/Johanna Huber: 20, 63, 108, 118, U2-2; Huber Images/Kaos: 97; Huber Images/Mehlig: 87; Huber Images/Massimo Ripani: 57; Huber Images/A. Saffo: 6; Huber Images/G. Simeone: 39, 121, 137, U2-1; Jahreszeitenverlag/Hans-Peter Siffert: 24; Jahreszeitenverlag/Jörg Rynio für GuU: 14; Gerold Jung: 52; laif/Galli: 37; laif/hemis.fr/Andrea Alborno: 50; laif/hemis.fr/Ludovic Maisant: 13; laif/Frank Heuer: 32; laif/Martin Kirchner: 29; laif/David Klammer: 55; laif/Cathrine Stukhard: 102; LOOK-foto/Franz Marc Frei: 48; Stefan Maiwald: 8 o, 9 o, 9 u, 10; Daniele Messina: 60, 95; Monika Pelz: 107, 113, 117, 129, 130, 132; shutterstock/T Anderson: 28; shutterstock/pavel dudek: 42, 61; shutterstock/elen_studio: 141; shutterstock/LianeM: 46; shutterstock/mRGB: 143; shutterstock/Mi.Ti.: 84, 89, 127; shutterstock/Sabino Parente: 94, 152; shutterstock/Dario Lo Presti: 73; shutterstock/Andrei Rybachuk: 8 u; shutterstock/RadVila: 82; shutterstock/VS70: 150; Wikipedia/Postawka: 69.

Liebe Leserin, lieber Leser,
wir freuen uns, dass Sie sich für diesen POLYGLOTT on tour entschieden haben. Unsere Autorinnen und Autoren sind für Sie unterwegs und recherchieren sehr gründlich, damit Sie mit aktuellen und zuverlässigen Informationen auf Reisen gehen können. Dennoch lassen sich Fehler nie ganz ausschließen. Wir bitten Sie um Verständnis, dass der Verlag dafür keine Haftung übernehmen kann.

Ihre Meinung ist uns wichtig. Bitte schreiben Sie uns:
TRAVEL HOUSE MEDIA GmbH, Redaktion POLYGLOTT, Grillparzerstraße 12, 81675 München, redaktion@polyglott.de
www.polyglott.de

1. komplett überarbeitete Auflage 2015

© 2015 TRAVEL HOUSE MEDIA GmbH München
Dieses Buch wurde auf chlorfrei gebleichtem Papier gedruckt.
ISBN 978-3-8464-2808-5

Alle Rechte vorbehalten. Nachdruck, auch auszugsweise, sowie die Verbreitung durch Film, Funk, Fernsehen und Internet, durch fotomechanische Wiedergabe, Tonträger und Datenverarbeitungssysteme jeglicher Art nur mit schriftlicher Genehmigung des Verlages.

Bei Interesse an maßgeschnäderten POLYGLOTT-Produkten:
Tel. 089/450 00 99 12
veronica.reisenegger@travel-house-media.de

Bei Interesse an Anzeigen:
KV Kommunalverlag GmbH & Co KG
Tel. 089/928 09 60
info@kommunal-verlag.de

Verlagsleitung: Michaela Lienemann
Redaktionsleitung: Grit Müller
Verlagsredaktion: Anne-Katrin Scheiter
Autoren: Monika Pelz, Stefan Maiwald, Peter Peter (Special)
Redaktion: Martin Waller
Bildredaktion: Barbara Schmid
Mini-Dolmetscher: Langenscheidt
Layoutkonzept/Titeldesign:
fpm factor product münchen
Karten und Pläne: Theiss Heidolph
Satz: Tim Schulz, Mainz
Herstellung: Anna Bäumner
Druck und Bindung:
Printer Trento

PEFC/18-31-506

TRAVEL HOUSE MEDIA

Ein Unternehmen der
GANSKE VERLAGSGRUPPE

Mini-Dolmetscher Italienisch

Allgemeines

Guten Tag.	Buongiorno. [buondschorno]
Hallo!	Ciao! [tschao]
Wie geht's?	Come sta? [kome sta]
Danke, gut.	Bene, grazie. [bäne grazje]
Ich heiße ...	Mi chiamo ... [mi kjamo]
Auf Wiedersehen.	Arrivederci. [arriwedertschi]
Morgen	mattina [mattina]
Nachmittag	pomeriggio [pomeridscho]
Abend	sera [ßera]
Nacht	notte [notte]
morgen	domani [domani]
heute	oggi [odschi]
gestern	ieri [järi]
Sprechen Sie Deutsch?	Parla tedesco? [parla tedesko]
Wie bitte?	Come, prego? [kome prägo]
Ich verstehe nicht.	Non capisco. [non kapisko]
Sagen Sie es bitte nochmals.	Lo può ripetere, per favore. [lo puo ripätere per fawore]
..., bitte.	..., per favore. [per fawore]
danke	grazie [grazje]
Keine Ursache.	Prego. [prägo]
was / wer / welcher	che / chi / quale [ke / ki / kuale]
wo / wohin	dove [dowe]
wie / wie viel	come / quanto [kome / kuanto]
wann / wie lange	quando / quanto tempo [kuando / kuanto tämpo]
warum	perché [perke]
Wie heißt das?	Come si chiama? [kome ßi kjama]
Wo ist ...?	Dov'è ...? [dowä]
Können Sie mir helfen?	Mi può aiutare? [mi puo ajutare]
ja	sì [ßi]
nein	no [no]
Entschuldigen Sie.	Scusi. [skusi]
Gibt es hier eine Touristeninformation?	C'è un ufficio di turismo qui? [tschä un uffitscho di turismo kui]
Haben Sie einen Stadtplan?	Ha una pianta della città? [a una pjanta della tschitta]
Wann ist ... geöffnet?	A che ora è aperto (m.) / aperta (w.) ...? [a ke ora ä apärto / apärta]
das Museum	il museo (m.) [il museo]

Shopping

Wo gibt es ...?	Dove posso trovare ...? [dowe posso troware]
Wie viel kostet das?	Quanto costa? [kuanto kosta]
Wo ist eine Bank?	Dov'è una banca? [dowä una bangka]
Ich suche einen Geldautomaten.	Dove posso trovare un bancomat? [dowe posso troware un bangkomat]
Geben Sie mir 100 g Käse / zwei Kilo Pfirsiche	Mi dia un etto di formaggio / due chili di pesche. [mi dia un ätto di formadscho / due kili di päske]
Wo kann ich telefonieren / eine Telefonkarte kaufen?	Dove posso telefonare / comprare una scheda telefonica? [dowe posso telefonare / komprare una skeda telefonika]

Essen und Trinken

Die Speisekarte, bitte.	Il menu per favore. [il menu per fawore]
Brot	pane [pane]
Kaffee	caffè / espresso [kaffä / esprässo]
Tee	tè [tä]
mit Milch / Zucker	con latte / zucchero [kon latte / zukkero]
Orangensaft	succo d'arancia [sukko darantscha]
Mehr Kaffee, bitte.	Un altro caffè, per favore. [un altro kaffä per fawore]
Suppe	minestra [minästra]
Nudeln	pasta [pasta]
Fisch / Meeresfrüchte	pesce / frutti di mare [pesche / frutti di mare]
Fleisch	carne [karne]
Geflügel	pollame [pollame]
Beilage	contorno [kontorno]
vegetarische Gerichte	piatti vegetariani [pjatti wedschetarjani]
Ei	uovo [uovo]
Salat	insalata [inßalata]
Dessert	dolci [doltschi]
Obst	frutta [frutta]
Eis	gelato [dschelato]
Wein	vino [wino]
Bier	birra [birra]
Wasser	acqua [akua]
Mineralwasser	acqua minerale [akua minerale]
mit / ohne Kohlensäure	gassata / naturale [gassata / naturale]
Ich möchte bezahlen.	Il conto, per favore. [il konto per fawore]

Notizen

Meine Entdeckungen

....
....
....
....
....
....
....
....
....
....
....
....
....
....
....
....
....

Clevere Kombination mit POLYGLOTT Stickern
Einfach Ihre eigenen Entdeckungen mit Stickern von 1–16 in der Karte markieren und hier eintragen. Teilen Sie Ihre Entdeckungen auf facebook.com/polyglott1.

Checkliste Apulien
Nur da gewesen oder schon entdeckt?

- [ ] **Masserien mit dem Rad entdecken**
  Für Fahrradtouristen eignet sich Apulien hervorragend, und wenn man dabei von einer prachtvollen Masseria zur nächsten kommt, ist der Urlaub einfach perfekt. › S. 12

- [ ] **Baris Märkte**
  In der Hauptstadt kann man sich jeden Tag ins lebendige Markttreiben werfen. Ein Genuss für alle Sinne! › S. 88

- [ ] **Besuch auf den Weingütern**
  Apuliens Weine haben internationales Renommee erlangt. Verkosten Sie sie direkt an der Quelle. › S. 14, 96

- [ ] **Blick in den Sonnenuntergang**
  Und dazu ein gutes Glas Wein auf der Terrasse des Buena Vista Café in Gallipoli. › S. 15

- [ ] **Blick vom Kastell in Lucera über den Tavoliere**
  Weit schweift der Blick von der Mauer über die größte Ebene Apuliens. Nach der Getreideernte im Sommer erleuchten unzählige Feuer auf den Stoppelfeldern die Nacht. › S. 58

- [ ] **Die Giganten der Sila**
  Jahrhundertealte und bis zu 40 m hohe Bäume stehen in den dichten Wäldern des kalabrischen Nationalparks Sila nahe dem Ort Camigliatello Silano. › S. 134

- [ ] **Italienisches Sushi**
  Roher Fisch, fangfrisch vom Boot, ist schon lange eine apulische Spezialität, ganz ohne japanischen Einfluss. › S. 13

Mitbringsel für Daheim

Lakritze: Aus der Liquirizia Amarelli in Rossano Scalo › S. 16, 129

Pappmascheefiguren: Lecce ist das Mekka dieser speziellen Kunst › S. 105, 107